# 中国城市收缩
# 及其经济社会效应研究

刘玉博 著

A Study on
Chinese City Shrinkage
and
Its Economic-Social
Effects

上海社会科学院出版社
SHANGHAI ACADEMY OF SOCIAL SCIENCES PRESS

# 编审委员会

# 总　序

当代世界是飞速发展和变化的世界,全球性的新技术革命迅速而深刻地改变着人类的观念形态、行为模式和社会生活,同时推动着人类知识系统的高度互渗,新领域、新学科不断被开拓。面对新时代新情况,年轻人更具有特殊的优越性,他们的思想可能更解放、更勇于探索,他们的研究可能更具生命力、更富创造性。美国人类学家玛格丽特·米德(Margaret Mead)在《文化与承诺——一项有关代沟问题的研究》一书中提出,向年轻人学习,将成为当代世界独特的文化传递方式。我们应当为年轻人建构更大的平台,倾听和学习他们的研究成果。

上海社会科学院自1958年建院以来,倾力为青年学者的成长提供清新空气和肥沃土壤。在此环境下,青年学者奋然崛起,以犀利的锐气、独到的见识和严谨的学风,向社会贡献了一批批令人振奋的研究成果。面对学术理论新人辈出的形势,上海社会科学院每年向全院40岁以下年轻科研人员组织征集高质量书稿,组织资助出版"上海社会科学院青年学者丛书",把他们有价值的研究成果推向社会,希冀对我国学术的发展和青年学者的成长有所助益。

本套丛书精选本院青年科研人员最新代表作,内容涵盖经济、社会、生态环境、文学、国际贸易、城市治理等方面,反映了上海社会科学院新一代学人创新的能力和不俗的见地。年轻人是上海社会科学院最宝贵的财富之一,是上海社会科学院面向未来的根基。

上海社会科学院科研处

2020 年 3 月

# 前　言

"城市收缩"用来描述人口密集区域发生的人口持续流失的现象,以及这一过程中伴随出现的一系列经济社会结构的变化。城市收缩过程中的人口持续流失在某种程度上意味着地区经济发展潜力下降、人力资本存量不足、地区差异扩大等,因此必须充分重视和研究中国的城市收缩问题。

从国际学者的研究成果看,德国、英国、美国、日本等国家普遍存在收缩城市,且统一出现了经济社会生产和消费活力不足的现象,威胁城市的可持续发展,获得国际学者的普遍关注。然而中国对城市收缩的研究才刚刚起步。在中国长期以增长为主的发展模式下,国内大多数文献研究与经济增长和人口增加相关的城市发展路径,较少关注中国城市收缩问题,并很少将之与国际城市收缩现象进行比较,对伴随城市收缩可能出现的一系列经济社会效应还没有进行系统探索。总体来说,我国目前还未形成针对中国收缩城市的完善的分析框架。

本书试图在精确界定中国收缩城市的基础上,探讨中国收缩城市的空间特征、特殊表现、发生城市收缩的原因,以及在城市收缩过程中可能产生的包括企业生产效率下降、区域差距扩大以及城市公共服务水平降低等在内的经济社会效应。在此基础上,通过分析典型区域收缩案例、总结国际实践经验,得出应对中国城市收缩、建立健康可持续的城镇体系的政策建议。

围绕上述研究目的,本书主要做了如下几方面的工作:

第一,精确识别中国的收缩城市。基于中国第五次(2000)和第六次

(2010)全国人口普查数据,本书发现2000—2010年中国26.71%的地级/副省级行政区发生了人口流失,即可能出现了国际上所谓的城市收缩现象。其中,287个地级市(不包含地区、盟和自治州)中包含85个收缩城市,占比29.62%。匹配地理位置信息后发现,中国的收缩城市集中分布于东北和长江经济带中上游地区,并呈现6种主要的收缩结构:(1)非收缩,两次普查年间城市内部各县市(区)均没有发生人口流失,如嘉兴、沧州等;(2)全收缩,两次普查年间城市内部全部县市(区)均出现人口流失,如广安、黄冈等;(3)"二分法式",人口流失的县市(区)位于地级/副省级行政单元的某一区位,其余区位的县市(区)均不收缩,如同将地级/副省级行政单元一分为二,如杭州、宣城等;(4)"点部集中式",地级/副省级行政单元内部仅有某小块区位出现人口流失,如邵阳、宜春等;(5)"边缘式",位于城市内部核心地区的县市(区)人口增加,位于边缘地区的县市(区)人口减少,如达州、十堰等;(6)"沙漏式",位于城市内部核心地区的县市(区)人口减少,位于边缘地区的县市(区)人口增加,如北京、上海。

在识别中国收缩城市的过程中,考虑到中国"市辖县"这一行政区划设计的特殊性,本书进一步在城市实体地域空间范围上定义中国"狭义的收缩城市"。结合城市发展的现状、城市行政体制设计和数据的可获得性,本书将市辖区人口持续减少的城市界定为"狭义的收缩城市",以弥补中国习惯意义上的"城市"空间尺度过大的缺憾,更为精确地刻画中国城市的人口集聚能力在空间上的差异。最终在271个可用地级样本中识别24个"狭义的收缩城市",占比8.86%。"狭义的收缩城市"挑战了中国以行政区为研究、管理和统计单元的习惯用法,为探索中国形成国际可对比的空间单元提供了基本思路,是本书的一个重要创新。

第二,初步探索中国城市收缩的原因,以及与国外收缩案例相比,中国收缩城市存在的特殊性。本书在实证模型中采取类似数据驱动的方法,对包括城市区位、经济发展、财政收支、对外开放度、公共服务供给等多项指标进行检验,甄别中国城市收缩的影响因素。实证结果表明,与东部城市相比,西部和中部城市更容易收缩;预算内财政赤字占 GDP 比重越高,城市的收缩倾向越明显;以 FDI 占 GDP 比重表示的经济开放程度越高,城市收缩的可能性越低;基础教育水平越低,人口流失倾向越明显;老龄化程度越高,城市收缩越严重。同时,反映经济运行效率的第二、三产业占 GDP 比重和单位面积 GDP,以及反映公共服务水平的医院数和公共图书馆藏书量等变量总体上抑制了城市收缩的趋势。另外,省会城市则可能因为其特殊的政治地位而倾向于不收缩。

进一步地,本书以老工业基地的收缩现状来验证在样本观察期间,经济转型在中国城市收缩过程中发挥的作用。实证结果发现,西方国家普遍存在的老工业城市收缩现象在中国并不明显,即去工业化或产业转型等西方常见的收缩原因在中国并不具有普遍性。一方面,这与 2000—2010 年我国仍处于工业化中后期发展阶段相关:较大的老工业基地仍在不断集聚人口;另一方面,这或许与老工业基地在特殊阶段扮演中国经济、社会顶梁柱的政府主导发展模式有关:工业化时期,老工业基地规模较大、集中度较高,在"去二存三"的产业转型过程中,国家对宏观资源的统一调配以及逐步开放的民营经济对劳动力的吸收,总体而言没有使老工业基地发生大规模的就业震荡。这是中国城市收缩案例与国外案例对比中所体现出的特殊性之一。

第三,从生产活动入手,考察城市收缩可能引发的经济社会效应。具体来讲,本书将观测对象锁定为生产活动的主体——企业,利用 2000—2007 年中国工业企业数据,从微观层面观察收缩城市企业全要素生产率(Total Factor Productivity,简称 TFP)的变化。一般意义上,人口流失意味着集聚经济效应的下降,并通过劳动力流动的自我选择性,降低收缩城市人力资本质量,最终造成收缩城市企业 TFP 的下降。然而,实证研究发现,笼统地以国际惯例识别的中国收缩城市的企业 TFP 在基期和末期均高于非收缩城市。本书称这种现象为中国收缩城市生产率"悖论"。

结合中国快速城镇化过程中人口重新分布的大背景,本书进一步探索了中国"狭义的收缩城市"企业TFP的变化,用市辖区人口流失的收缩城市作为空间研究尺度。市辖区作为中国城市发展的主体,人口和经济活动密度较大,市辖区人口的减少更精确地刻画了集聚经济的下降。实证发现,虽然"狭义的收缩城市"企业TFP在样本考察初期较非收缩城市高,但是在样本考察末期较非收缩城市低,呈现"优转劣"的发展过程,验证了"狭义的收缩市企业TFP较低"的假说,解释了中国收缩城市生产率"悖论"。这一研究结论说明,中国收缩城市与国际案例相比存在特殊性,中国的"城市"问题,尤其是以人口迁移为研究主题的"城市"问题,在关注人口总量增减的同时,应结合城市发展实体地域的概念,谨慎审视相关研究结论的适用性。

第四,从收入差异的角度,考察城市收缩对区域平衡发展产生的重要影响。本书结合中国家庭金融调查(CHFS)数据(2011年和2013年),分析了收缩城市与非收缩城市之间劳动力小时工资的差异。研究发现:收缩城市劳动力平均工资低于非收缩城市33.08%;控制劳动力技能变量后,两类城市劳动力平均工资差异下降为19.84%,即劳动力技能差异可以解释两类城市工资差异的1/3左右,这验证了国际学者提出的低技能劳动力更容易在收缩城市集聚的假说。

考虑到中国不同区域中城市发展阶段的差异,本书将城市样本分为东部、中部、西部三大板块分别进行回归分析。研究发现,不同区域收缩城市和非收缩城市两类样本劳动力工资收入差距程度不一,东部最大为44.20%,西部次之为23.30%,中部最小为12.21%。另外,实证结果发现劳动力受教育程度的差异是造成三大区域中两类城市劳动力工资差异的重要原因:东部劳动力教育水平可以解释两类城市劳动力工资差异的51.81%,中部为35.79%,西部为52.32%。以上研究结果印证了劳动力选择性流动的事实,即高技能劳动力更容易流失,同时也说明收缩城市与非收缩城市之间可能已形成除了"城乡"和"东部、中部、西部"以外的、另一种不可忽视的区域差距类型,即劳动力技能在两类城市之间的分化,必须引起重视。

第五，从面向消费和生活的城市基本公共服务水平入手，研究城市收缩可能引发的与城市公共服务相关的社会问题。本书参考政府文件《国家基本公共服务体系"十三五"规划》中所列出的公共服务体系框架，以及学者研究中对城市基本公共服务供给的分类和应用，甄选包括公共教育、公共文化、医疗卫生、交通运输、市政建设、社会就业、环境保护以及住房保障8个方面的10余项指标，衡量城市基本公共服务供给总量和人均水平。具体采用主成分分析方法，将上述城市基本公共服务指标降维，得到城市基本公共服务供给总量和人均水平的主成分综合得分。实证结果表明，在控制城市经济规模、工资水平、2000年城市基本公共服务水平及区域因素等变量后，收缩城市基本公共服务供给总量显著低于非收缩城市。

本书进一步考察了以市辖区人口持续下降界定的"狭义的收缩城市"市辖区基本公共服务供给水平的变化。理论上讲，一方面，市辖区常住人口持续下降将降低人口集聚水平，减少对城市公共服务的需求；另一方面，由于企业效率下降引发经济衰退导致地方财政萎缩，引发城市基础设施维护不善或运行不畅，因此地方公共服务供给能力下降。然而，实证结果表明，城市收缩对市辖区基本公共服务供给水平影响较小，且实证结果比较稳健。本书将这种现象称为"收缩城市基本公共服务供给之谜"。结合中国城市的发展模式和行政设计，市辖区作为城市发展的核心区域，不仅是人口高度集中的地域，而且是城市公共财政投资的重点区域，被视为整个城市经济和政治的引领"名片"。因此，城市收缩将反向刺激地方政府在市辖区追加投资，"收缩城市基本公共服务供给之谜"的存在，既是意料之外，又是情理之中，同时也是中国"人口-公共资源"空间错配的现实表征。

第六，典型案例分析与国际经验启示。根据本书研究，我国的收缩城市集中分布于东北和长江经济带中上游区域。本书选取长江经济带中具有龙头领跑作用的"武汉城市圈"为典型案例，分析其内部人口分布空间格局变化，识别城市收缩现状。基于我们的数据，构成武汉城市圈的6个地级市和

3个县级市中,除武汉和鄂州外,其余7市均发生了不同程度的收缩,出现明显的单极化发展的趋势。从单一城市的视角看,如黄冈市,全市人口下降13.32%,市辖区人口也减少了1.82%,其人口密度、城镇化率、人均固定资产投资等发展指标均劣于城市圈均值;从区域的视角看,尽管外围城市人口规模下降,但提高了核心城市的要素集聚程度,某种程度上提升了整个区域的经济效率。因此,单一城市的收缩必须结合其所处区域的发展进行综合评价,避免过分贬低,同时应因地制宜,转型发展。

通过对比"广义的收缩城市"和"狭义的收缩城市"不同的发展路径,以及对典型区域案例的分析,本书认为,在快速城镇化过程中,我国的人口空间分布已不完全拘泥于行政区范围,而是逐渐形成了"人口和经济活动在空间上的集聚"且"致密而紧凑"的块状空间分布格局。因此本书建议,我国应尝试划定"基于劳动力的重新分配和经济活动完整性"的"都市经济区",辅助城市管理。本书最后综述了美国、加拿大、英国、日本等先发国家和地区划分都市经济区,重构城市空间的实践、方法和经验,得出中国超越城市行政边界、基于经济活动择机重新组合城市管理空间,提高城市规划适用性和城市统计科学性等政策启示。

通过上述六个方面的探索,本书初步建立和完善了中国城市收缩问题的研究框架,不仅有助于丰富国际城市收缩研究的中国案例,而且对于正确判断中国城市收缩的趋势,关注城市收缩背后可能出现的劳动力技能分区、区域差距扩大、生产和消费活力下降等深层次的问题,推动建立健康可持续的城市体系具有重要的政策含义。本书建议制定"适应性"城市收缩管理政策,以"空间置换"为手段促进城市体系优化和结构更新。在"新常态"背景下,未来的城市发展规划的重点也应由规模扩张向质量提升转变,关注如何抑制收缩城市人力资本流失,以及人口结构优化的问题,因势利导,以形成合理的人口分布结构,促进经济在重点区域有序集聚,实现"更合理的人口空间分布、更精致的城市管理,以及更高效的土地利用"式的"精明收缩"。

# 目　录

# 第一章
# 绪　论

## 第一节　研究背景、概念界定与研究意义

### 一、研究背景

城市收缩用来描述以人口持续流失为核心特征的城市发展状态。根据国际学者较为成熟的定义,收缩城市是指"拥有1万居民以上、人口流失超过2年、正在发生结构性危机的城市地区"。城市收缩具有历史阶段性,不同历史时期城市收缩的背景、程度、广泛性、原因、表现形式和后果各不相同。

传统意义上,城市是非农产业和人口集中的地区,经济活动密度和人口密度较高。从世界范围内看,工业化以及全球社会分工的深化加速了城市的产生和发展,城市在区域发展中的重要地位也得到普遍认可。根据联合国经济和社会事务部人口司发布的《世界城镇化展望(2018)》,2018年全球55％的人口居住在城市区域,至2050年,这一数字将达到68％。城市区域逐渐承担起引领文明、促进增长和服务全国的使命。在这一背景下,快速城镇化与经济增长成为全球城市普遍追寻的发展路径,城市规模也成为衡量国家经济发展水平的重要指标。然而,伴随全球经济整体放缓、经济转型、人口年龄结构变化以及局部危机不断涌现,在全局增长的背后,部分城市区

域也出现了以人口持续流失为核心特征的城市收缩现象。

从国际学者的研究成果看,以人口流失为核心特征的城市收缩现象普遍存在于欧美亚国家,一直是国际学者高度关注的热点问题之一。1950—2000年,全球人口超过100万人的城市失去了大约1/10的人口(Oswalt and Rieniets,2006);欧洲1996—2001年,约57%的城市人口规模下降(Wiechmann and Bontje,2015);美国59%的大中型城市在1950—1980年出现人口流失(Beauregard,2011);另外,英国(Oswalt,2005)、德国(Mykhnenko and Turok,2008)、日本(Martinez-Fernandez et al.,2012)等国家的老工业城市,也面临持续收缩的问题。继1988年德国学者Häußermann和Siebel正式提出"收缩城市(Shrinking city)"一词,涌现大量以西方国家城市为案例的相关研究,内容涉及收缩城市的定义、类型、原因及应对措施等,已成体系。

相较之下,中国城市收缩研究刚刚起步。现有文献更加关注由于人口大量增加而导致沿海大城市出现的"大城市病"及城市治理问题,对于要素净流出地区的发展状况鲜少着墨,近期才开始引起学者关注。黄鹤(2011)较早地向国内介绍了美国应对城市衰退的"精明收缩"理念和实践,其后德国、加拿大、日本、英国等国家城市收缩的案例研究相继出现。近年来也有少数几个学者(龙瀛等,2015;李郇等,2015;吴康等,2015)关注了中国的城市收缩现象,描述了城市收缩的客观实事,部分学者研究了中国重点区域的收缩现象或典型收缩形态,但深入探索出现困局,对城市收缩经济社会运行状态和影响因素等仍需做进一步解读。

从中国的统计数据看,根据中国两次人口普查数据,2000—2010年间中国1000万人以上"城市"人口份额从6.66%提高至14.01%,未来人口还将进一步向大城市集聚。同时,2000—2010年,中国337个地级/副省级行政区中约26.71%的城市发生了人口流失,即可能出现了国际上所谓的"城市收缩"现象,且21个"城市"市辖区以及5个地区(盟/自治区)政府驻地也面临人口流失问题。

从微观角度：一方面，人口持续流失降低了当地劳动力的供给数量，同时由于消费市场萎缩继而阻碍企业产出产品价值的市场化实现；另一方面，由于劳动力流动具有选择性，更高技能和更健康的劳动力更容易流出，继而改变了当地人口的技能结构和年龄结构，提高了企业-劳动力匹配成本。因此城市收缩倾向于降低要素净流出地企业的经济效益。

从中观角度：不同产业-行业对于劳动力技能的要求存在差异，因此当地人口技能结构的改变，将反作用于当地产业-行业生产结构。当人口技能结构与当地产业-行业生产结构不一致，容易引发劳动力在不同部门供需不平衡、产业-行业结构失衡等问题。特别地，当地高技能人口的选择性流出，将制约高新技术产业的持续发展。因此城市收缩倾向于降低当地与较高技能劳动力相匹配的高附加值产业的比重。

从宏观角度：随着生产力的发展，尤其是通信技术的进步，人口流动和迁移将在更广泛的空间范围内持续发生。生产的外部性以及交易成本的存在，促使人口进一步向大城市集聚。一些较为先进的发达国家，如美国、英国、德国、日本，已经形成了人口在少数几个城市地区高度集聚的城市发展模式。然而中国人口众多、地区差异较大，决定了孤立地优先发展大城市的市场自发行为，对于中国来说并不合适。越来越多的学者认为，大城市与中小城市协调发展，是较为健康、适合国情的城镇化发展道路。因此，城市收缩现象在我国局部地区普遍存在，将阻碍"功能完备、布局合理的城镇体系"的建设。

另外，由于城市公共服务供给如道路、医疗、娱乐设施的建立具有稳定性和持久性，供给水平往往与当地人口规模相适应。城市收缩将打破原有的"人口-公共资源"的空间均衡，对要素净流出地来说，短期内造成城市基础设施闲置、浪费；同时由于城市基础设施建设投入产生净收益具有最低规模要求，人口持续下降一方面导致当地税收困难、投资乏力，另一方面也降低当地政府供给基础设施建设的积极性，导致城市面貌更新速度降低、城市吸引力不足,容易使收缩城市陷入持续的衰退过程中。

虽然国际学者对城市收缩的原因和经济社会后果进行了较为系统的研究,但大都从城市规划的视角,以案例分析方法为主。在计量方法应用较为普遍的今天,应利用成熟的统计方法分析大数据背后的规律。考虑到不同国际背景下城市收缩原因的差异,以及目前学界对中国城市收缩的定义、范围和研究方法,仍存在较大争议,本书试图通过以下工作尝试初步建立中国"收缩城市"的分析框架,推进相关研究:结合中国城市发展阶段科学地刻画城市收缩,并结合中国城市行政区划设计的特殊性界定中国的收缩城市,在此基础上分析城市收缩的原因,并进一步地观察伴随城市收缩现象可能产生的包括生产效率下降、区域差距扩大以及城市公共服务供给失衡在内的一系列经济社会效应。

## 二、关键概念界定

### (一) 城市的本源

根据《辞海》中的定义,"城"为"都邑四周用作防御的墙垣","市"为"集中交易的场所"。农业社会中的城市通常作为政治中心存在,具有人口集中、非农经济活跃、商业发达的特征。虽然作为防御功能的"城"逐渐在和平年代失去它本来的含义,但一般认为城市仍保留了"市"所体现的非农产业高度集中、人口规模和密度较大的特点。

从社会学的角度:Wirth(1938)和 Fischer(1975)认为都市生活是在规模和密度较大的空间中所形成的特殊的生活方式。从经济学的角度,人口和产业的集聚形成了城市,正如沃纳·赫希(1990)认为城市集中了高密度的经济和家庭活动。从城市历史学的角度,刘易斯·芒福德(2005)认为城市一开始就具有"致密而紧凑"的特征。虽然由于技术更新、企业形态等因素的变化,导致城市辐射力量逐渐扩大,先进国家出现郊区化和逆城市化的现象,但高度集中的经济和人口仍是世界普遍意义上的城市所具有的基本特征。

（二）中国的"城市"

中国现行通用的"城市"实际上是国家进行行政管理的单元,特别是中国现行"市辖县"的行政区划设计,与国际上通用的以"人口和经济活动在空间上的集聚"(巴顿,1984)和"致密而紧凑"(刘易斯·芒福德,2005)为基本特征的城市概念相去甚远。

根据 1993 年国务院颁发的设市标准,分别从非农产业人口的比重、非农经济活动产值比重、城区公共基础设施完善程度三个方面建立指标,作为"撤县设市"的基本规范。虽然中国的设市标准力图体现经济学含义上非农人口和非农经济活动密度较高这两个"城市"的基本特征,但所设立的建制市,依然包含除人口和经济活动密度较高的城区以外的其他地区。也就是说,中国的"城市"仍然包括农村地区,中国 4 个直辖市、15 个副省级市、279 个地级市①覆盖了全部国土面积。因此,中国习惯意义上的"城市"不仅包含了国际意义上的城市地区,还包括人口较为稀松、非农经济比重不高的广袤的乡村地区,并以此为基础形成了以行政区划为主体的城市统计体系。② 因此,中国行政地域上的"城市"难以反映中国城镇化发展的真实状态(江曼琦和席强敏,2015;刘玉博等,2016),也造成中国所谓的"城市"与国际上城市(city)特指的空间维度不具可比性。

与上述"城市行政地域"相对,周一星(1993,1995)在城乡划分研究中提出"城市实体/城镇实体"的概念,为以城市景观地域为基础的反映城市实体的空间范围,并倡导将其作为城市统计工作改革的重要部分。本书延续这一相关概念的称谓,并进一步将"非农人口比重较大、非农经济活动相对集中"纳入"城市实体地域"的内涵。为了区分行政意义上的城市和实体地域意义上的城市,本书将中国"城市行政地域"称为"广义的城市",将"城市实

---

① 《中国城市统计年鉴(2018)》中统计的建制个数。

② 如《中国城市统计年鉴》第二部分"地级以上城市统计资料"中城市的统计数据同时包含了城镇和乡村人口的数据。

体地域"称为"狭义的城市"。

考虑到统计数据的可获得性,本书中"广义的城市"具体包括直辖市、副省级市和地级市;"狭义的城市"则具体指以上建制市的市辖区。

（三）中国城市收缩与收缩城市

根据国际学者较为成熟的定义,城市收缩一般指人口密集地区人口持续下降的过程,并伴随出现一系列经济社会结构危机。发生城市收缩的人口密集地区即为收缩城市。

鉴于中国行政区意义上的"城市"与国外城市相比存在的特殊性,本书同时在"广义的城市"和"狭义的城市"中相应地界定中国"广义的收缩城市"和"狭义的收缩城市",本书的研究也围绕两种收缩城市而展开。"广义的收缩城市"是指人口持续流失的"广义的城市";"狭义的收缩城市"是指人口持续流失的"狭义的城市"。

值得注意的是,衡量城市是否收缩的人口以常住人口计算。中国人口流动速度较快,以常住人口而非户籍人口研究城市收缩问题,能够较为准确地度量某一城市/区域的人口集聚能力[①],更具科学性。因此,本书采用2000年第五次和2010年第六次全国人口普查中的常住人口数据识别中国两种空间维度的收缩城市,并将中国收缩城市界定为两次普查年间常住人口增长率为负的地区。

（四）中国城市收缩的经济社会效应

中国城市收缩的经济社会效应是指在城市收缩过程中,由城市收缩带来的包括企业生产效率、资本投资结构、产业结构、区域平衡发展、城市公共服务供给等在内的经济社会结构的变化。既包含城市收缩对要素净流出地产生的

---

[①] 常住人口包括城镇常住人口和乡村常住人口,本书不再另外区分。一方面,城镇和乡村人口共同构成了地区生产和消费主体,如第六次人口普查中乡村人口占比50.32%,剔除乡村或城镇人口均不能正确反映某地区的人口集聚能力;另一方面,中国"五普"和"六普"以"城镇建成"空间区分城乡人口,科学性存在争议(张立,2011),且城镇统计口径在两次普查年间出现调整,可对比性不高。因此,本书认为以常住人口总规模识别城市收缩现状较为合适。

经济社会效应,又包含城市收缩对要素净流入地产生的经济社会效应。

关于人口增长可能对当地产生的影响已有较多文献探讨,因此本书将研究重点放在要素净流出地可能产生的经济社会结构的变化上。具体来讲,本书分别从微观视角研究城市收缩对当地企业全要素生产率(TFP)的影响、从宏观和微观结合的视角研究城市收缩对收缩城市和非收缩城市劳动力工资收入差距的影响、从宏观视角研究城市收缩对城市基本公共服务供给的影响。

## 三、研究意义

### (一)初步构建中国城市收缩的研究框架

国内相关文献大多研究集聚经济带来的经济增长,或过分集聚导致的"大城市病"等问题,较少关注要素和资源净流出地的经济社会发展状态,还未形成公认一致的中国"城市收缩"研究框架。本书遵循国际研究范式,在准确界定中国研究城市收缩的空间尺度的基础上,探讨人口流失和空间结构变化带来的中国城市收缩问题。具体来讲,本书首先选取中国习惯意义上的城市的空间尺度,界定中国的"广义的收缩城市",进一步地以更符合国际研究范式的"城市实体地域"作为研究中国城市收缩问题的另一个重要的空间尺度。考虑到数据的可获得性,本书以行政单元的"市辖区"作为中国"城市实体地域"的具体衡量尺度。在此基础上,比较收缩城市与非收缩城市经济社会发展现状,并进一步确定中国城市收缩的原因,以及伴随出现的经济社会结构变化。通过上述工作尝试建立中国收缩城市的研究框架。

### (二)弥补现有国内外文献多以案例分析为主的研究方法上的缺陷

自 1988 年 Häußermann 和 Siebel 首次提出"收缩城市(Shrinking city)"一词,国外学者以德、英、美、日等多个国家的城市个案分析为主,描述了国际收缩城市特征及可能引发的社会后果。国内学者多从城市规划的视角,以现象描述和案例分析的方式介绍国内城市收缩,计量分析和机制探讨相对不足。首先,在分析城市收缩的原因时,本书采取数据驱动的方式,并不提前预设某一维度中哪一个具体变量最为重要,对多种类型的解释变量进行检验,囊括城市区位、经济发展、财政收支、对外开放度、公共产品供给等具体指标,甄别中国城市收缩的影响因素。其次,本章在集聚经济下降和劳动力选择性流动的机制分析的基础上,讨论收缩城市和非收缩之间包括企业生产效率、区域平衡发展和城市基本公共服务供给等方面出现的经济社会结构变化。具体来讲,本书结合 2000—2007 年工业企业数据、中国家庭金融调查数据(CHFS),从微观层面观察收缩城市企业 TFP 和城市收缩对区域均衡发展产生的影响。进一步地,利用城市经济发展数据,识别中国城市收缩对城市公共服务供给水平产生的影响。

(三) 预警中国部分行政区发展过程中出现的路径偏离

中国快速城镇化是人口从农村向城市的大规模转移的结果。据统计,中国每年人口城镇化率以快于 1 个百分点的速度提升,从 2000 年的 36.22% 增长至 2010 年的 49.95%。两次普查年间,中国乡村人口由 2000 年的 7.84 亿人减少为 2010 年的 6.63 亿人,城镇人口由 4.59 亿人增加至 6.70 亿人。在这一背景下,就每个地级及以上行政区而言,作为行政区发展主体核心构成部分的市辖区,理应吸收了大量乡村转移人口,出现人口规模的快速膨胀。而本书识别出的中国的"狭义的收缩城市",却出现了"逆增长"情景下的人口减少的相悖现象。具体来说,中国有 31 个地级及以上行政区出现了市辖区人口减少的现象,集中分布于中国的东北和长江经济带中上游地区,预示着这部分行政区发展可能出现路径偏离,面临经济社会发展困境,必须引起高度关注。

(四) 关注城市收缩过程中出现的"技能分区"等深层次的社会现象

城市收缩是伴随人口规模的下降出现的一种城市发展状态,然而人口规模的下降或人口流失并不是本书研究的最终目的,本书更加关注人口流失所引发的深层次的经济社会问题。我们发现,由于劳动力的流动具有自我选择性,因此人口的流动并不是均质的和无差别的,劳动参与率较高、教育水平较高和更健康的劳动力更容易流出(蔡翼飞和张车伟,2012)。因此,人口规模的持续下降,不仅降低了收缩城市的人力资本数量,更重要的是降低了收缩城市的人力资本质量。而且,近期的研究成果表明,高素质劳动力有更强的房价支付能力和更强的城市便利性偏好,因此将会更加集中地分布于高素质劳动力比重较高的城市(Berry and Glaeser,2005;Diamond,2016),造成劳动力"技能分区(Sorting)"。本书探讨并解读了城市收缩过程中与劳动力技能分区关联出现的企业效率差异、地区收入不均等、城市公共服务水平变化等深层次的经济社会问题。

(五) 另外,本书对探索具有国际可对比性的城市空间维度具有启示意义

本书挑战了中国以行政区为研究、管理和统计单元的惯常用法。本书的主体部分同时定义了在"城市行政地域"空间范围上界定的"广义的收缩城市",以及在"城市实体地域"空间范围上界定的"狭义的收缩城市",并对比它们在经济社会发展过程中出现的异同。我们发现,利用"狭义的收缩城市"研究人口迁移导致经济效率变化的问题,所获得的研究结论比利用"广义的收缩城市"时更具可信度。基于这一发现,本书对先发国家和地区依赖"城市实体地域"重组城市空间的做法进行了系统总结,为探索中国形成国际可对比的空间单元提供了基本思路。

# 第二节 文 献 综 述

## 一、城市收缩的基础研究

### (一) 城市收缩的定义

根据研究样本不同,学者对城市收缩的定义存在差异,但均以"人口流失"为核心度量指标。1988 年德国学者 Häußermann 和 Siebel 提出"收缩城市(Shrinking city)"一词,描绘人口大量流失导致的城市经济空心问题。

其后,"收缩城市国际研究网络(Shrinking City International Research Network)"借鉴这一概念,2004 年重新定义城市收缩为"1 万以上人口密集区域,人口流失 2 年以上,并伴随结构危机的现象"。学者 Oswalt(2005)统观世界范围内城市收缩现象,将收缩城市界定为流失人口占比 10% 以上或年均人口流失率大于 1% 的城市;Turok 和 Mykhnenko(2007)在研究1960—2005 年欧洲城市收缩时,将人口变化率低于全国平均水平的地区称为收缩城市;Schilling 和 Logan(2008)则以"40 年间人口流失率超过 25%"来定义美国"锈带地区(Rust Belt)"的收缩。可见,虽然学者对收缩城市人口流失程度、时限、广泛性等存在争议,但以"人口流失"作为刻画城市收缩的具体指标,成为共识。

中国城市收缩现象最近几年开始引起国内学者的关注。黄鹤(2011)、杨东峰和殷成志(2013)、徐博和庞德良(2014,2015)、黄玮婷(2014)、李翔等(2015)、杨振山和孙艺芸(2015)等分别介绍了德国、加拿大、日本和英国收缩城市案例及应对方案;周恺和钱芳芳(2015)、高舒琦(2015)对国际城市收缩研究的发展路径进行了系统总结。龙瀛等(2015)利用中国第五次(2000 年)和第六次(2010 年)人口普查数据,对中国 654 个县级及以上城市人口的变化进行比对,发现中国 180 个城市发生了人口总量/密度的下降;吴康等(2015)利用人口普查数据,发现京津冀和长三角地区分别有 1/5 和近 1/2 的市、县、区呈现局部收缩,且这种收缩趋势仍在加强;李郇等(2015)则发现珠三角 23.02% 的镇、街单元出现收缩,其中出现显著收缩的镇、街占比 2.35%(人口增长率小于−2%);张学良等(2016)以描述统计的方法对比了收缩和非收缩县市(区)经济规模、人口年龄结构等指标的异同,发现收缩县市(区)经济社会发展水平较低,集中体现为:较高的人口抚养比、单一的行业结构、较低的城市化率,以及较低的人力资本存量。

(二)城市收缩研究的空间尺度

国外对收缩城市空间尺度的选择大多以人口和经济密集地区为主。

2015年以来,国内城市收缩文献中对空间尺度的选择则出现莫衷一是的情况。在国内城市收缩定量研究的早期文献中,龙瀛等(2015)利用中国2000年和2010年乡镇、街道尺度的人口数据,对中国654个县级及以上城市的收缩现状进行了分析,共识别180个收缩城市;吴康等(2015)研究京津冀和长三角城市收缩格局时则以区、县、市为尺度,在京津冀181个研究单元中识别34个收缩对象,在长三角城市群282个研究单元中识别124个收缩对象。李郇等(2015)则从街、镇单元和区、县单元两种空间尺度上研究珠三角城市收缩现象,其中以区、县为空间尺度的研究对象共104个,以街、镇为空间尺度的研究对象共595个(2010年)。其后,张学良等(2016)分别在地级及以上行政区、市辖区和县市(区)3个空间尺度上,以描述统计的方法对比了收缩和非收缩地区经济社会指标的异同,刘玉博和张学良(2017)在对武汉城市圈城市收缩现象进行研究的过程中延续了这一空间尺度的运用。高舒琦和龙瀛(2017)以"城市化地区的人口收缩"为判定标准,认为只有市区城镇人口的收缩比较契合国际上收缩城市的特点,并以此为基础甄别出东北地区4个收缩城市,分别为鸡西、伊春、鹤岗和抚顺。另外,还有学者(秦小珍和杜志威,2017)以农村城镇化地区为尺度研究了城市收缩现象。

(三) 城市收缩的原因

城市收缩的原因随时代变迁而不同(Beauregard,2009)。从时间的延续性上看,历史上不乏城市收缩的案例。20世纪以前,由于战争、灾难、疾病而消亡的古文明城市罗马城、特洛伊以及玛雅文明曾经璀璨一时的地区,可以看作特定阶段城市收缩的典型。20世纪以后,在全球化过程中,经济中心在地理区位上的转移[①],催生新的地理模式和中心,不可避免地造成了一些城市在区域等级体系中地位的下降,造成人口流失和城市活力下降。

---

[①] 麦肯锡全球研究所(McKinsey Global Institute)依据安格斯·麦迪森(Angus Maddison)的研究成果,编制全球经济地理中心迁移图:从11世纪至20世纪中期,全球经济地理中心从东向西转移,之后便开始向东亚地区"回旋"。来源:麦肯锡全球报告附录(2012)。

根据对国外案例的梳理,一般认为 20 世纪 50 年代国际上收缩城市之所以大量出现,被认为是去工业化、郊区化、人口结构变动以及政治变革等因素导致的持续的人口流失的结果(Wiechmann and Pallagst,2012,),并可能伴随一系列其他经济社会指标的变化,且面临人口持续流失的"自我强化"的压力(Martinez-Fernandez et al.,2012;Hoekveld,2012)。

去工业化是工业向服务业的经济转型,代表全球化发展浪潮中世界分工格局的转变。所有发达资本主义国家在 20 世纪最后 25 年中都经历了去工业化的过程(Munck,2012),Martinez-Fernandez 等人(2012)认为由单一产业或企业主导的城市,由于经济转型、资源衰竭或国内外市场竞争引起的市场变动,将会引发人口衰减和经济衰退。德国鲁尔区、英格兰中部以及美国东北部是制造业向服务业转型过程中,由于就业结构转变而造成人口流失的典型地区(Rieniets,2009)。代表性的城市还有英国的伯明翰与曼彻斯特(Fishman,2012)、美国的底特律(Hollander and Nemeth,2011)、日本的夕张市(Martinez-Fernandez et al.,2012)以及法国的洛林(Gospodini,2012)等。

郊区化是城市化发展后期,经济活动和人口从城市中心向郊区的转移。与伴随去工业化出现的城市的整体缩减不同,郊区化导致的城市收缩大多发生在城市内部的核心地区,实际上是人口和经济活动的"空间重组",代表性的城市是美国的芝加哥、圣路易、纽约以及底特律等(Fishman,2012)。

经济体制转轨是特定历史时期,非普遍存在的一种政治制度或体制变革,在此背景下引起的收缩,主要指东德(原德意志民主共和国)在 1990 年并入西德(原德意志联邦共和国)后,政治体、经济改造导致结构失衡,东德青年人口向西部繁荣地区的迁出过程,如爱沙尼亚和德国中部的中小城镇的收缩就源于经济体制转轨过程中,城镇等级体系和市场地位的下降(Leetmaa et al.,2015)。另外,俄罗斯在 1992 年经济体制转轨过程中使用的"休克疗法",造成巨大冲击,波及整个社会,导致与世界发展链条的脱节和人口的大量流失。

除了去工业化、郊区化和政治经济体制转轨这三个主要因素外,出生率下降和人口老龄化等社会因素也加重了人口收缩的趋势(Wiechmann and Pallagst,2012)。另外需要注意的是,城市收缩并不是简单的单因素结果,每一个城市的收缩,背后的原因是错综复杂的,是去工业化、郊区化以及人口老龄化等多因素综合作用的结果。

(四) 城市收缩的表现形式和社会后果

城市收缩在不同城市或区域的表现形式和社会后果不同。Wiechmann和 Pallagst(2012)观察了收缩城市的经济指标,认为大多数收缩城市处于经济下滑的状态;另外,收缩城市往往伴随就业率下降(Reckien and Martinez-Fernandez,2011)、高技能劳动力流失(Anja,2016)、住房空置率提高(Couch and Cocks,2013;Deng and Ma,2015)等社会问题。另有学者从劳动力技能分区的角度观察了人口流失所带来的社会影响。由于劳动力流动具有选择性(Combes et al.,2012),劳动力参与率较高、教育水平较高和更健康的劳动力更容易流出。同时,大多数文献研究表明,人力资本质量对国家(Romer,1986;Lucas,1988)和区域的经济增长,均存在正向促进作用。另外,Glaser 和 Gyourko(2005)也指出高技能劳动力对城市便利性的偏好以及对高价格住房的支付偏好会导致低技能劳动力在收缩城市的群聚。而且,新的就业岗位更多基于知识和创新,对高技能劳动者需求更高(Shapiro,2006),因此高技能劳动力更容易在人口增长的城市找到工作,也将客观造成低技能劳动者在收缩城市不断集聚。

然而,有的学者认为,城市收缩是一把双刃剑,虽然人口衰减和经济衰退使城市陷入了萧条、贫困和无活力的困境,但它同时也给大城市提供了在增长阶段中难以企及的生态、环境、空间、住房和交通改善机遇。在城市化动力不足时,收缩的建成区给濒危物种提供更多的栖息空间,进而提高物种的多样性,给"城市生态再造"提供了机遇(Fritsche et al.,2007;Haase et al.，2014)。同时，闲置土地增加了获取本地生产食物的机会(Hollander and Németh，2011)。而且，人口密度下降将提高政府进行破旧住房改造的可能性(Frazier et al.，2013)，可以获得更多的私人和公共空间，给城市开放空间的网络化改善提供条件(Frazier and Bagchi-Sen，2015)。另外，住房的供给过剩会导致价格稳定，也有利于提高个人住房面积和品质(Couch and Cocks，2013)。

学者也研究了城市收缩的空间形态，并结合经济和空间利用状况将收缩城市进行分类。德国学者 Daldrup(2000)运用"穿孔"来描述由人口和资本在城市内部的流转导致的城市肌理非连续分布的现象，在城市内部形成经济和人口明显塌陷的"黑洞"。Blanco 等人(2009)则用"圈饼"描述内城人口大量外迁，而城市郊区人口则保持相对稳定的空心化现象。Wiechmann 等人(2012)提出了人口/经济两大要素与城市增长/收缩的矩阵关系，其中人口收缩对应两种类型的城市，转型地区(城市增长，人口减少，属于经济复苏地区并伴随未来人口增长)和降级地区(大多数收缩城市的类型，经济下滑导致随之而来的人口流失)。周恺和钱芳芳(2015)将世界收缩的城市按照衰落方式，分为工业或矿业中心的收缩、大城市地区的局部收缩以及乡村和小城镇的收缩。龙瀛等(2015)以收缩城市的人口收缩率和城镇建设用地扩张率的中位数为界，将所有收缩城市分为四类：人口轻度减少-空间轻度扩张、人口轻度减少-空间重度扩张、人口重度减少-空间轻度扩张，以及人口重度减少-空间重度扩张。

国内也出现与城市收缩相关的其他研究，大多关注人口规模变化，或人口的空间分布状态，对本书的研究具有借鉴意义。如魏后凯(2014)发现中国非农业人口 20 万以下的小城市人口增长率(2000—2011 年)为 −21.81%；城区人口 20 万以下的小城市人口增长率(2006—2011 年)为 −17.34%；倪鹏飞等(2014)、林李月和朱宇(2015)、段成荣和杨舸(2009)等则探讨了中国人口空间布局及演变。

（五）相关文献评述

总体来看,国际学者对城市收缩问题的研究存在以下特点:

1. 学者根据研究对象和目的的不同,对"收缩城市"的定义存在区别,但都以"人口流失"作为衡量城市收缩的核心指标。

2. 研究方法上多以案例分析和现象描述为主,研究了德国、英国、美国、日本、澳大利亚等国家收缩城市的总体或个案。

3. 研究内容上多以城市规划的视角,探讨城市收缩的界定、可能的影响因素、伴随出现的社会现象,以及当地政府积极的干预或无效的应对方案。国际文献已形成相对丰富的城市收缩研究材料,但整体来说,这些文献缺乏对城市收缩背后机制相对严格的理论探讨和计量检验,没有形成相对完善的研究框架,因此大多研究成果仅具有对研究个案进行"事后补救"的功能,不足以对其他城市的发展形成预警或启示。

国内早期研究城市收缩的学者对国际收缩城市案例研究进行了描述与总结,介绍国外应对城市收缩的规划方案并对其成效进行了分析。从目前国内研究现状看,中国城市收缩研究存在重大问题尚未解决:

1. 大多数学者所界定出的中国收缩城市仍属于"地级及以上行政区"的范畴,不能体现前文所述的"城市"的本体,且所界定出的"地级收缩城市"与"县级收缩城市"存在行政意义上的重叠。

2. 并未剔除 2000 年和 2010 年两次普查年间频繁的行政区划调整对识别结果造成的重要影响。据我们统计,中国 2 865 个县市(区)中(2010 年行政区划标准),有 439 个在 2000—2010 年发生过至少一次行政区划调整,涉及 122 个城市市辖区,以及 42 个地级/副省级城市。忽略行政区划变动,将对研究结论造成较大干扰。

3. 现有学者以描述性分析为主,多从地理学、规划学科的角度观察中国城市收缩的现象和成因,未来更需要有对中国城市收缩影响机制的学理性探讨与定量研究。

4. 目前文献缺乏对中国收缩城市经济社会运行状态的关注,无法准确判断收缩城市未来衰退的可能性。中国城市收缩发生在快速城镇化的过程中,人口的减少并不必然意味着城市衰退,应从多个角度、多个空间尺度观察这一现象,判断城市衰退迹象。

## 二、劳动力流动的相关研究

### (一) 产业结构与劳动力流动

经典的配第-克拉克定理指出,随着人均国民收入的提高,由于对不同产业产品需求的收入弹性、生产技术存在差别,劳动力将首先由第一产业转移至第二产业,再转移至第三产业。库兹涅茨(1941)认为由于技术进步改变了产品需求结构,导致农业劳动力比例大幅下降、工业劳动力比例有较小幅度的上升、服务业劳动力比重则大幅度上升。

学者对产业结构升级与劳动力就业之间的关系进行了研究,存在两种相反的结论。一种观点认为,资本对劳动具有替代作用,因此资本密集型产业的发展将抑制劳动力就业规模的扩大。马克思的资本有机构成理论认为,资本有机构成的提高将制约劳动力就业,最终导致失业率上升。马克思虽然没有直接论述产业结构升级对就业的影响,但从其资本有机构成理论中不难推出发展资本密集型产业可能会导致失业的结论。Chenery 和 Syrquin(1986)针对人口众多的发展中国家,指出劳动集约型生产方式具有较高的创造产值的能力,比起资本集约型的生产方式更为可观,客观地也造成发展中国家就业结构的转变非常缓慢。Hicks(1986)同样认为资本密集型技术将阻碍新型产业的就业增长速度,不适用于发展中国家。

部分国内学者通过研究我国经济发展路径,支持上述观点。刘乃全和孙海鸣(2003)指出,上海在产业结构调整过程中,出现了结构性和摩擦性失业,以及外来劳动力对本地劳动市场存在挤出效应,抑制本地就业增长。在研究全国工业化技术路线时,吴敬琏(2005)和胡鞍钢(1998)发现我国劳动投入在经济增长中的贡献率持续下降,这一资本深化和重工业化的发展模式不断弱化了经济增长对就业的带动作用(姚战琪等,2005)。同样地,刘世锦(2005)研究发现,我国在重工业阶段,一单位 GDP 增长带来的就业岗位仅为轻工业阶段时的 1/3 左右,因此重工业化为就业增长带来了负面影响(姚战琪,2005;吴敬链,2006;詹浩勇,2010)。还有一些学者认为产业结构升级的加速推进并不符合工业化的一般规律和比较优势原理,劳动密集型产业发展是经济发展不可逾越的阶段(尚启君,1998;胡军,2000;陈在余,2004)。

与上述研究结论相反,部分学者指明大规模使用资本在长期可以扩大资本存量,进而促进就业大幅提高(Galenson,1955)。王云平(2003)的研究表明,我国东部地区资本和技术密集产业高度集中,拉动了农业剩余劳动力的转移,在促进经济增长的同时,就业也稳步提高。武力和温锐(2006)认为资本密集型行业创新能力较强,可以带来更多的就业。同样地,周德禄(2012)认为资本密集型产业的产业关联度较高,能够带动相关产业,特别是第三产业的发展,进而带来更多的就业岗位。

(二)产业转移与劳动力流动方向

1. 产业转移对劳动力流向的决定作用

新经济地理学指出,内部规模报酬递增的企业,更倾向于在本地形成较大市场规模而不是转移设厂分散经营,考虑到交通成本及知识外部性,这些企业往往能够集聚较多的劳动力(Audretsch and Feldman,1996;Krugman,2009)。同样,郑江淮与高彦彦(2009)认为产业转移改变了劳动力流动的空间决策,由跨地区就业转为就地转移为主;蔡防(2011)指出我国东部向中西部的产业转移提供了更多当地或附近就业的机会,使农村剩余劳动力向中西部省会城市转移。郭力(2012)基于 1999—2007 年省级面板数据,研究了产业转移背景下影响就业变动的诸多因素并进行了区域性对比,认为中西部由于政策因素使对外开放程度得到提高,投资环境得到改善,就业的增长主要靠政府驱动,而相对于中西部靠制造业扩大就业,东部地区作为产业转移转出地则主要靠第三产业拉动就业,就业的增长源于市场的传导机制。

2. 劳动力流动对产业转移的反作用

罗浩(2003)、魏敏等(2004)认为长久以来大规模的劳动力区际流动延缓了东部沿海地区劳动力成本上升的趋势,维系了东部传统产业低成本竞争优势,造成产业转移粘性。更有学者认为,劳动力流动的方向决定了产业转移的趋向。刘新争(2012)、苏华等(2013)指出,地区要素禀赋、区域政策差异等决定了劳动力的流动趋势,劳动力的空间结构构成了产业转移的背景,进入产业转移的决策函数,最终决定产业在地区间的转移。范剑勇等(2004)考虑到国际产业转移情境,认为外商直接投资形成的东部地区制造业集聚效应引发了农村和中西部地区劳动力的大规模流动,而这一流动强化了东部沿海地区制造业集聚的态势。

3. 产业转移与承接地就业结构的转变

卢根鑫(1994)认为产业转移使承接地出现以工业为主的新的产业,扩大工业部门劳动规模;王庆丰(2004)也通过实证方法证明了产业转移通过改变产业结构从而影响就业结构的结论。

一些学者分析了产业转移对特定劳动力群体的就业效应。孙久文(2011)认为产业转移使承接地区的就业劳动力结构向受教育程度更高的专业人才倾斜,经济危机以来的国际产业转移的新趋势则为综合素质相对较高的大学生带来了广阔的就业空间;桂玉帅(2013)分析研究了我国产业转移对农村劳动力的非农就业的影响,认为产业转移对产业承接地区农村剩余劳动力群体的就业存在数量扩大效应、收入扩大效应和就近就业效应。

4. 产业转移与承接地就业市场的扩大

魏后凯(2003)以竞争力为切入点,认为产业转移有利于提高企业的整体竞争力,对转入区而言,该产业竞争力提升,就业机会增加。Mckeon(2004)则指出产业转移不仅能够促进承接地的就业增长,还可以提高劳动力的综合素质。王德文(2004)研究了我国产业转移的路径,认为我国东部沿海地区是承接国际产业转移的主要地区,且由于承接的产业多为劳动密集型,因此吸引了大量就业。徐涛(2005)认为外商直接投资可以直接刺激当地需求,推动产业的扩张,创造大量的就业机会;王国中(2006)从规模经济的角度,认为产业转移可以增加承接地的经济规模,从而为劳动力创造就业机会。

5. 产业转移对承接地就业产生的负向影响

金润奎(1999)指出跨国集团产业转移在促进承接地就业的同时可能由于自身强大的竞争力对当地产业产生市场挤出效应,导致当地原有企业工人失业。李洪江(2002)把产业转移对承接地的就业效应归纳为就业直接创造效应、就业关联效应、就业质量提高效应和就业挤出效应。

6. 产业转移对转出地就业的影响

Chen(2003)指出,产业转移对转出地区就业的影响与技术有关,技术含量越高的工作部门,产生的就业增长越多。逄增辉(2003)研究了美国作为产业转出地的就业质量变化,认为产业转移提高了美国劳动力的工资和工作条件,而且美国劳动力的素质通过培训得到了提高;魏后凯(2003)认为企业迁移将会导致转出区产业竞争力下降,就业机会减少。另外,一些学者认为产业转移对产业转出地区就业的影响还可以产生城市化的效应。毛新雅(2006)认为,产业转移可以促进产业转出地区的就业非农化,加深产业转出地区的城市化进程。

(三) 劳动力流动的相关理论

关于劳动力迁移的理论主要包括"推拉理论"和劳动力迁移的"两部门模型"。推拉理论是解释城乡人口迁移动因和影响因素中较为全面的理论。Ravenstein(1885,1889)最早从人口学的角度讨论了人口迁移的规律,对人口迁移的距离、主要集中地、迁入地和迁出地原住民的多寡、人口迁移的模式等问题进行了探索。Herberle(1938)讨论了城乡生活模式差异在人口流动中的重要作用,同时指出农业对于剩余劳动力的吸纳能力较低、产出弹性较低,是人口流动的经济背景。Bogue 等人(1957)在研究美国人口迁移现象时,系统地提出人口迁移"推-拉"理论,即在迁出地同时存在促进人口迁移的"推力",如资源限制、失业、收入水平较低等,以及阻碍人口迁移的"拉力",如熟悉的社交网络。同时,Bogue等人(1957)提出在迁入地也存在吸引人口迁入的"拉力",如生活水平和收入水平较高,以及阻碍人口迁入的"推力",如竞争因素的增强。Lee(1966)进一步完善了推拉理论,认为除了拉力和推力之外,还存在障碍因素和个人因素影响实际迁移行为。

在"推拉理论"的基础上,较多的文献多集中于探索某一特定因素在影响人口流动或城市规模中的特殊作用,如人力资本(Glaeser and Saiz,2004)、中国的户口制度(Wu and Treiman,2004)、城镇工业技术进步(程名望等,2006)、气候(Mcleman and Smit,2006)等,或研究单一群体特定的迁移模式或影响因素,如老龄人口(Litwak and Longino,1987)、女性(Pedraza,1991)等。目前也有较多的文献关注影响人口迁移或城市规模的特殊要素,如公共服务或舒适度(Carlino and Saiz,2008;夏怡然和陆铭,2015);道路系统(Duranton and Turner,2012);人力资本(项本武等,2012);教育回报率(邢春冰,2013),以及体现中国特色的撤县设区行为对城市市辖区城镇常住人口增长率的影响(唐为,2015)等。

关于人口迁移的另一个著名的理论即Lewis(1954)等建立和完善的"两部门模型",对发展中国家城乡二元结构进行了针对性的研究。Lewis(1954)对发展中国家存在的传统农业部门、现代工业部门二元结构进行了讨论,认为传统农业部门的劳动力由边际生产率为零时的无限供给,到边际生产率为正时的有限供给的转变,即是二元经济的"拐点"。Fei和Ranis(1963)从农业剩余产品的角度分析,认为农业生产率、工业资本积累和工业技术进步,影响现代部门对劳动力的吸纳能力。Todaro(1969)建立人口流动模型,认为农民受教育水平、干预工资政策、城市工作机会信号等将影响城乡收入差距的预期,因此引致人口由乡村流向城市。Acemoglu(2002)则根据技术进步非中性的假设,得出价格效应和市场规模效应影响技术的要素偏向性,进而影响对劳动或资本的节约程度。

（四）相关文献评述

从现有文献中,可以总结出研究影响劳动力流动的两条主要脉络。一是从经济发展的视角,揭示国民收入提高对人口迁移的影响,得出的一般结论为部门间收入差距是导致劳动力从农业流向工业和服务业的根本原因。其后经济学者对人口流动或迁移的研究均受以上结论的影响,包括发展经济学家对发展中国家人口迁移两部门模型的建立,也可看到上述理论的痕迹。其贡献在于用严密的经济学的分析方法,以理性人的假设为前提,将劳动力看作流动的生产要素,建立了比较完善的分析框架。

二是从人口学的角度,认为人口迁移是作用力和反作用力两者均衡的结果,最具代表性的是由 Bogue 等人(1957)完善的"推拉理论"。在其之后的文献将研究重点逐渐转向特定因素在人口迁移中的特殊作用或特定人群独有的迁移模式。"推拉理论"是针对劳动力流动的经典理论,但这一理论主要建立在经验的基础上,缺乏严格的科学推理和逻辑演绎,具有局限性。

无论是从经济学还是人口学的角度研究人口迁移行为,均没有将运输成本、信息不完全性等交易成本作为重要因素予以强调。尤其是经济学中对劳动力要素流动的研究是以无摩擦、完全信息等假设为前提,与现实世界差别较大。随着新经济地理学科的建立,在人口迁移的相关研究中逐渐增加了迁移距离和微观个体地理选址决策的信息。在产业转移与劳动力流动方向的相关研究中,产业转移引发要素集聚继而对劳动力产生引致需求,即是对新经济地理学的具体运用。

## 三、人口流失的经济社会效应研究

现有文献多从宏观视角关注劳动力流动对要素配置效率(吕昭河,2012;王子成,2015)、宏观经济增长(杜小敏和陈建宝,2010)、收入分配的影响(范红忠和李国平,2003;王卫等,2007;姚洪心和王喜意,2009;高虹,

2014；彭国华，2015)。本章主要从企业 TFP、区域差距和城市公共服务供给三个角度分别综述相关文献。

(一) 人口流失与企业效率

劳动是企业生产过程中重要的投入要素，收缩城市人口持续下降，一方面降低了当地人口和经济活动密度，倾向于降低当地集聚经济发生的可能性，从而降低企业生产效率。人口与经济活动在空间的集中是城市的基本特征(巴顿，1984)，拥有较高人口密度和经济活动密度的城市，企业的生产率更高(Rosenthal and Strange，2001；范剑勇等，2014；陈良文、杨开忠，2008)，即产生了集聚经济。Marshall(1890)较早地对这种现象进行研究，并将这种正向相关性归结为空间集聚的外部性，即产生了中间投入品共享、劳动力池和知识外溢的效果，Duranton 和 Puga(2000)进一步将其总结为：共享、匹配和学习。在以中国为案例的研究中，大多数文献以城市人口数量或人口密度作为集聚经济的衡量指标，发现城市集聚程度对不同产业(孙浦阳等，2013；沈能等，2014)以及不同规模的企业(余壮雄、杨扬，2014；李晓萍等，2015)存在异质性影响，并随着城市规模的变化而不同(孙晓华、郭玉娇，2013)。虽然并没有文献直接研究人口流失对城市生产效率的影响，但从集聚经济产生的基础，以及集聚经济倾向于增进经济规模和生产效率的效果来看，收缩城市劳动力数量下降，将降低集聚经济发生的可能性，继而降低企业 TFP 水平。

另一方面，由于劳动力的流动具有自我选择性，高素质的劳动力更容易流出，因此造成当地人力资本质量下降，不利于当地企业 TFP 的提高。劳动力流动具有选择性(蔡翼飞、张车伟，2012；Combes et al.，2012)，劳动力参与率较高、教育水平较高和更健康的劳动力更容易流出(蔡翼飞、张车伟，2012)，引起人口社会结构变化(邹湘江和吴丹，2013)。因此，人口持续流出不仅降低了收缩城市的人口数量，同时降低了收缩城市的人力资本质量。Glaeser 和 Gyourko(2005)认为，由于房屋具有耐用性，人口净流出导致房价急剧下跌,暗示城市生产率下降;杜小敏、陈建宝(2010)以及阮荣平等(2011)发现人口流动对以中部为主的输出地的人力资本存在负向影响;邹湘江、吴丹(2013)则提出人口净流出地的农村逐渐出现老龄化上升的问题。虽然并没有直接文献表明人口流失与人口输出地企业 TFP 之间的关系,但大多数文献研究表明,人力资本质量对国家(Romer,1986;Lucas,1988)和区域(任乐,2014;邵琳,2014)的经济增长,以及企业 TFP 的提高(夏良科,2010;李唐等,2016)均存在正向促进作用。因此可以预见,收缩城市人力资本质量的下降将影响当地企业 TFP 的提高。

(二) 人口流失、劳动力质量与劳动力工资差异

从城市规模的角度看,现有文献较多地关注城市规模与劳动力工资或经济效率的关系,研究结论存在两种相反的观点。以高虹(2014)、踪家峰和周亮(2015)等为代表的学者认为城市规模的上升将促进劳动力收入提高,陆铭等(2012)也证明城市规模与个人就业率之间存在正相关关系,这主要依赖于城市规模扩大产生的正向的集聚经济性(Duranton and Puga,2004)。与此相反,宁光杰(2014)利用农村外出务工人员的收入数据,发现控制劳动力可观测特征、不可观测特征和选择偏差问题后,大城市劳动者的工资升水不再存在,甚至出现劣势,间接印证城市规模过大产生的拥堵、高房价等集聚不经济的问题。同时 Fallah(2011)认为,密度较高的城市中交通拥挤、房价上涨等集聚不经济,超过了集聚对生产效率的贡献。另外,有的学者根据集聚经济产生的条件,认为通信技术的提高和运输成本的下降,降低了集聚经济的作用空间(Glaeser and Khan,2004)。因此,从人口流动改变人口规模或集聚经济水平的角度,人口净流入和人口净流出地区对劳动力收入水平的影响,孰优孰劣,目前仍无定论。

劳动力的流动具有选择性,更高技能和更健康的劳动力更容易流出(蔡翼飞和张车伟,2012),因而总体上人口净流出地区人力资本存在下降的趋势(阮荣平等,2011),也不利于当地经济的健康发展(杜小敏和陈建宝,

2010)。刘传江和董延芳(2007)建立了人力资本异质性模型,讨论异质性人口流动对流入地和流出地经济发展的影响,但文中并没有对这一机制影响区域差距的程度进行细致和科学的定量化分析。近年来,少数学者开始关注人口流动改变人力资本继而引起区域差距的问题,如张文武和梁琦(2011)发现人力资本集中促成产业集聚,进而提高当地收入水平;彭国华(2015)建立了地区差异和劳动力流动的统一框架,认为东部地区吸引了更多高技术型岗位,导致东、中、西部地区差异进一步拉大,对本书的研究具有一定的启示。

尽管缺乏人口流失引起人力资本质量下降继而拉大城市之间收入差距的直接证据,但现有文献对不同技能劳动力群聚及其引起的经济效率和工资水平变化的研究,对本书有重要的借鉴意义。Glaeser 和 Gyourko(2005)发现,高技能劳动力对城市便利性的偏好,以及对高价格住房较强的支付能力,导致高、低技能劳动力在区位分布上出现差异,表现为低技能劳动力不断在收缩城市群聚的现象;Shapiro(2006)从岗位特征的角度,解释了新岗位由于对知识和创新的要求更高,从而对高技能劳动力需求更高的现象;Diamond(2016)利用美国 1980—2000 年普查数据发现,地方生产率水平的差异导致高低技能劳动力分区(Sorting)。另外,Fol(2012)指出由于城市收缩(Urban shrinkage)导致失业率上升,继而引发城市投资不足,不利于收缩城市持续发展,而在这一过程中,穷人、老年人以及低教育水平劳动力,最容易受到这一社会问题的影响;Nelle(2016)也指出,人口减少的城市将降低长期教育投资水平,使城市的未来发展潜力下降。对中国而言,具有特色的户籍制度则使高技能劳动力更容易在其他城市获得正式的居住身份,并获得享受城市公共服务的权利,也会导致不同技能人力资本的空间分布出现差异(梁文泉、陆铭,2015)。

(三) 人口流失与城市公共服务供给

以往的研究多从资本和劳动等生产性的视角观察城市的增长,而开始于 20 世纪 50 年代,于 20 世纪 90 年代逐渐兴起的城市舒适度的相关研究,则是面向消费和生活的。国际学者的研究视角大多为城市舒适度如何影响了人口迁移和经济增长(Ullman，1954；Glaeser et al.，2001；Clark et al.，2002；Rappaport，2007)，国内学者如夏怡然和陆铭(2015)、侯慧丽(2016)和温婷等(2016)开始强调城市公共服务水平对劳动力流动的影响以及其在城市发展过程中的重要作用。以上研究多将城市公共服务水平作为外生变量，研究城市公共服务水平对人口迁移决策和城市发展的影响。相较之下，随着人口增减而带来的城市公共服务水平的变化，则鲜有学者讨论(蔡秀云等，2012)。

在研究收缩城市公共服务供给水平的相关文献中，国际学者如 Couch 和 Cocks(2013)、Deng 和 Ma(2015)研究表明，城市收缩提高了当地住房空置率，且容易引发就业率下降(Reckien and Martinez-Fernandez，2011)等社会问题。根据周恺和钱芳芳(2015)的推断，失业游民在空置住宅中容易滋生犯罪，且人口规模和密度下降导致地方财政萎缩，间接引发城市基础设施维护和服务不可为继的问题，降低城市舒适度(Amenity)水平。

(四) 相关文献评述

总体来看，国内外学者对人口流失可能导致的经济社会效果的研究有以下几个特点和不足：

1. 多从宏观视角切入，关注人口流动整体上对地区经济社会发展状态的影响，而极少采用微观数据进行定量分析，造成研究视角上的缺憾。

2. 在长期以增长为主的发展模式下，国内文献更多地关注集聚对微观个体行为决策的影响，较少地关注人口净流失地区生产活力和消费活力的变化，而这将严重地威胁人口净流失地区的可持续发展以及中国城镇体系的健康发展。

3. 在研究人口流动与区域差距关系时，现有文献经常先验地将区域差距的类型限定为省域、城乡，以及东、中、西部地区，而忽略了由于劳动力选择性流动导致的要素净流出和要素净流入地区在劳动力技能结构方面形成的差异。

4. 国内外较多的文献将城市公共服务水平作为影响人口流动的重要因素,将其作为政府主导供给的外生变量,但忽视了人口流动本身对城市公共服务供需产生的内生调节作用。

围绕上述国内外文献中存在的不足,本书主要做了如下几方面的工作推进相关研究:结合中国特殊的行政区划设计,分别从"城市行政地域"和"城市实体地域"两个维度界定中国的收缩城市,并基于第五次和第六次全国人口普查数据,识别中国的收缩城市;结合中国区域平衡政策和人口大迁移的背景,识别中国城市收缩的影响因素,并寻找中国城市收缩过程中存在的特殊性。进一步地,结合中国 2000—2007 年中国工业企业数据、中国家庭金融调查数据(CHFS)、中国城市统计相关数据,研究中国城市收缩过程中出现的经济社会结构的变化。

# 第三节　研究思路、主要研究内容与研究方法

## 一、研究思路与框架

第一,界定本书研究城市收缩的空间尺度。本书从多个学科的角度比较"城市"概念的异同,并参考国外城市收缩案例研究中使用的空间尺度,分别在"城市行政地域"和"城市实体地域"两个空间维度界定中国的收缩城市。在此基础上,识别中国的收缩城市和空间格局,并结合统计数据,描述收缩城市在经济规模、人口密度、教育水平和公共服务等方面的发展现状。

第二,结合中国快速城镇化的背景,主要从政策、效率及公共服务三个维度考察城市收缩的影响因素,以数据驱动的方式,甄别包括城市区位、经济发展、财政收支、对外开放度、公共服务供给等在内的 17 项具体指标。进一步地,本书以老工业基地的收缩现状来验证在样本观察期间,经济转型在

中国城市收缩过程中发挥的影响，以及中国"城市收缩"的特殊性。

第三，从生产活动入手，考察城市收缩可能引发的经济社会效应，并结合中国快速城镇化过程中人口重新分布的大背景，进一步探索中国"狭义的收缩城市"企业 TFP 的变化，对比其与"广义的收缩城市"的异同。

第四，从收入差异的角度，考察城市收缩对区域平衡发展产生的重要影响，并甄别造成劳动力工资差异的主要因素。

第五，从面向消费和生活的城市公共服务水平入手，研究城市收缩可能引发的相关的社会效应，检视中国目前可能存在的"人口-公共资源"错配问题。

第六，以中国武汉城市圈为案例，探讨中国特定区域收缩城市的发展背景和现状，在此基础上提出应对城市收缩的"区域策略"。

第七，初步探索基于"劳动力的重新分配和经济活动完整性"的中国"都市经济区"的划分方法，建议以"都市经济区"而非"行政区"为基本单元研究中国的城市收缩问题及应对方案，辅助城市管理。

基于以上思路，形成本书的逻辑框架图如下：

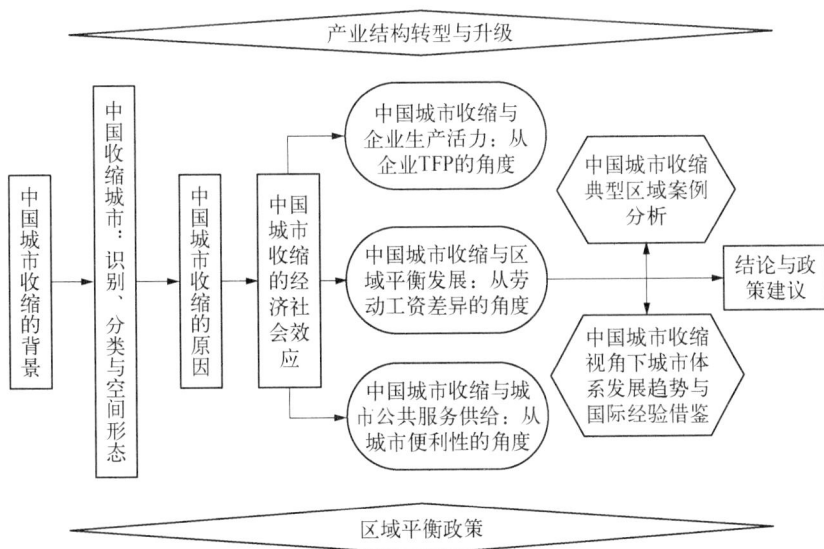

图 1-3-1　本书逻辑框架

## 二、主要研究内容

### （一）中国城市收缩的识别

#### 1. 中国城市收缩研究的空间尺度

中国现行通用的"城市"定义实际上是指城市行政地域。城市行政地域是根据各国的法律和行政建制的有关规定，从城市政府管理的角度对于城市空间范围的界定。在城镇化发展的初期和成熟阶段，城市地域变化较慢，但处于快速城镇化发展阶段的国家或地域的城市发展日新月异，城市边界不断更新、调整，城市行政地域难以体现真实的城镇化发展状态。我国正处于快速城镇化发展阶段，加上我国市镇设置标准的频繁更改，特别是 20 世纪 80 年代以来，先后经历了县改区、县改市、乡改镇，以及扩区、扩市、扩镇等行政区域的变更，我国由城市行政地域范围所划定的城市空间，已经很难反映城市发展的实际状况。

科学研究的基础是基本概念的正确、规范和统一。从本质上讲，城市的基本特征是人口和经济活动在空间的集中，从聚集视角来界定城市实体地域，才能体现城市发展的基本特征。考虑到城市实体地域的重要性、数据的可获得性，以及与我国现行行政区划的吻合程度，本书将城市行政区划称为"广义的城市"，将市辖区称为"狭义的城市"，并分别从两个维度相应界定中国"广义的收缩城市"和"狭义的收缩城市"。

#### 2. 中国收缩城市的界定、识别与发展现状

考虑到样本观察期的典型性，以及关键指标"常住人口"统计数据的可获得性，本书将样本观察期限定在 2000 年和 2010 年中国两次人口普查年间。数据处理过程为：

（1）依据行政区划变动情况，以 2010 年行政区划为准，调整 2000 年相应行政单位的人口规模。

（2）计算各行政单元 10 年人口变动率，如果这一指标小于 0，即为识别

出的收缩城市。在此基础上,利用乡、镇、街道数据,对 2 865 个县市(区)中涉及行政区划变动的样本进行调整,识别人口出现负增长的县市(区),勾勒中国地级市内部典型的收缩结构。进一步地,结合中国经济社会发展的统计数据,从人口密度、经济效率、产业结构、教育水平、老龄化等几个方面初步判定中国收缩城市的发展现状。

(二) 中国城市收缩的背景与影响因素

与西方国家自 20 世纪初出现的城市收缩不同,中国的城市收缩与全球化进程的加深、中国特色的区域平衡政策和中国城镇化发展阶段有关。

1. 全球化和市场经济体制改革导致劳动力进行产业间转移。以 2001 年年底中国加入世界贸易组织为标志,中国市场经济制度改革,以及以资本深化为特点的工业化调整,对中国劳动力转移和就业增长带来重要影响。

2. 政府主导的区域政策的实施伴随劳动力地区间转移。改革开放初期,以沿海经济特区开放为代表的点状区域倾斜政策、以 20 世纪末"沿海、沿江、沿线"区域发展格局为代表的块状区域倾斜政策,以及以 21 世纪初"西部大开发"等代表的区域平衡政策,均伴随地区间投资力度和财政优惠的差异,对劳动力的流动形成引导,体现政府平衡发展的意愿。

3. 城镇化发展阶段在地区间的差异与人口流动。中国各地区城镇化发展阶段不同,导致城市内部出现不同的城市收缩形态;同时,区域内单极化发展的模式,使大城市对周边区域出现"虹吸"效应,引起人口空间分布变化。

基于上述背景分析,本书在实证模型中并不提前预设某一维度中哪一个具体变量最为重要,而是采取类似数据驱动的方法,对多种类型的解释变量进行检验,囊括城市区位、经济发展、财政收支、对外开放度、公共服务供给等具体指标,甄别中国城市收缩的影响因素。

表 1-3-1　初步甄别的中国城市收缩的影响因素

| 政 策 变 量 | 效 率 变 量 | 公共服务变量 |
|---|---|---|
| "西部"哑变量 | 第二产业 GDP 比重(%) | 高中及以下学历人口比重(%) |
| "中部"哑变量 | 第三产业 GDP 比重(%) | 医院数(个) |
| 财政缺口占 GDP 比重(%) | 人均 GDP(元/人) | 公共图书馆藏书量(千册) |
| 是否有国家级开发区 | 单位面积 GDP(万元/平方千米) | 剧场、影剧院数(个) |
| 是否省会城市 | FDI 占 GDP 比重(%) | |

除了上述三大类别的变量外,本书还控制了当地老龄化程度(以 60 岁及以上人口比重测量)、交通基础设施水平(以年客运量测量),以及资源型城市哑变量。

(三) 中国城市收缩的经济社会效应——从企业 TFP 的角度

从微观角度探讨以人口流失为核心特征的城市收缩对企业生产效率的影响。一般意义上,人口流失意味着集聚经济效应的下降,并通过劳动力流动的自我选择性,降低收缩城市人力资本质量,最终造成收缩城市企业 TFP 的下降。

本书利用 2000—2007 年中国工业企业数据,准确测量反映企业生产效率的企业全要素生产率(TFP)的变化,分别考察"广义的城市收缩"和"狭义的城市收缩"对当地企业 TFP 的影响,分析中国城市收缩引发城市企业活力下降的可能性。图 1-3-2 为(狭义的)收缩城市和非收缩城市企业 TFP 水平的描述性结果,本书将在第四章对城市收缩与企业 TFP 的因果关系进行深入分析。

(四) 中国城市收缩与区域平衡发展——从劳动力工资差距的角度

虽然目前较多文献关注人口流动与区域差距之间的关系,但大多将区域差距的对象定义为"城乡"或"东、中、西部三大板块",忽略了作为人口净

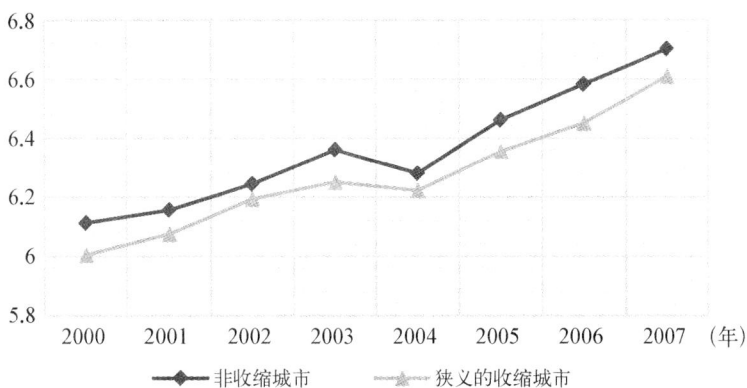

**图 1-3-2　(狭义的)收缩城市与企业 TFP**

流出地的中小城市可能面临的发展问题。

本书结合中国家庭金融调查(CHFS)数据(2011 年和 2013 年),分析收缩城市与非收缩城市之间劳动力工资的差异,并分别观察劳动力技能结构变化和劳动力数量增减对两类城市间收入差距的影响程度。另外,考虑到中国不同区域的城市存在异质性,本章进一步对东部、中部和西部的子样本分别进行回归,考察三大区域内部人口净流出城市和人口净流入城市的收入差距的不同。基于此,本书提出,人口净流出地区与人口净流入地区,即收缩城市和非收缩城市之间,很可能形成了除"城乡"和"东、中、西部三大板块"以外的另一种不容忽视的区域差距的类型。

(五) 中国城市收缩与城市基本公共服务供给

人口流失一方面降低城市的集聚水平,拉低了对城市公共服务的需求;另一方面由于人口流失而导致经济效率下降,财政萎缩,进而降低政府部门对城市公共服务的供给能力。

本书参考政府文件《国家基本公共服务体系"十三五"规划》中所列出的公共服务体系框架,同时借鉴学者研究成果中对城市基本公共服务的分类和应用,甄选包括公共教育、公共医疗等在内的 10 余项指标刻画城市基本公共服务水平(表 1-3-2),利用主成分分析方法计算每一个城市的基本公共服务供给水平得分。在此基础上分析中国城市收缩引发的城市基本公共服务供给水平下降的可能性。

表 1-3-2 城市基本公共服务供给总量和人均
基本公共服务水平评价指标体系

| 一级指标 | 二级指标 | | 一级指标 | 二级指标 | |
|---|---|---|---|---|---|
| | 总量 | 人均 | | 总量 | 人均 |
| 公共教育 | 普通中学学校数 | 中学师生比 | 公共文化 | 影剧院数 | 人均公共图书馆藏书 |
| | 小学学校数 | 小学师生比 | | 公共图书馆藏书 | |
| | 普通中学专任教师数 | | 市政建设 | 年末实有铺装道路面积 | 人均铺装道路面积 |
| | 小学专任教师数 | | | 年末实有公共营运汽电车 | 每万人拥有公共汽电车 |
| 劳动就业 | 城镇登记失业人数 | 城镇登记失业率 | 环境保护 | 建成区绿化覆盖率 | 建成区绿化覆盖率 |
| 医疗服务 | 医院数 | 万人医院床位数 | | 园林绿地面积 | 人均园林绿地面积 |
| | 医院床位数 | 万人医生数 | | 公共绿地面积 | 人均公共绿地面积 |
| | 医生数 | | | | |
| 住房保障 | 居住用地面积 | 人均住房面积 | | | |
| | 建成区面积 | | | | |

## （六）中国城市收缩的区域案例分析——武汉城市圈

将识别的收缩城市匹配地理信息后发现,中国的收缩城市主要分布在东北和长江经济带中上游区域。本书选取在长江经济带中上游和湖北省具有龙头领跑作用的武汉城市圈,作为典型区域的典型案例,分析区域内城市收缩的现状和表现形式。

本书分别从构成武汉城市圈的 9 市和县市(区)两个空间维度,识别武汉城市圈收缩形态和空间结构。数据显示,在构成武汉城市圈的 9 个地级或县级城市中,除武汉和鄂州外,其余 7 市均发生收缩,省直管仙桃市的收缩程度最高达 20.3%；以构成城市圈的 48 个区县为研究对象的收缩率达 64.58%。其后,建立蔓延指数,对武汉城市圈内收缩状态下的土地利用状况进行评价。进一步地,以收缩较为严重的黄冈市为例,分析武汉城市圈城市收缩的机制、表现,以及现有城市发展规划的应对状态。在此基础上提出应对城市收缩的可能的区域性政策。

（七）劳动力市场导向的城市发展实体地域的划分——国际经验借鉴及启示

在快速城镇化背景下,中国人口跨区域迁移形成了新的空间分布结构。本书在收缩城市与当地企业 TFP 关系研究中发现,"广义的收缩城市"并没有出现预期中企业 TFP 下降的趋势。因此,本书建议中国的"城市"问题,尤其是以人口迁移为研究主题的"城市"问题,在关注人口总量增减的同时,应结合城市发展实体地域的概念,谨慎审视相关研究结论的适用性。

本书在以上结论的基础上,认为应基于人口集聚的视角重新界定中国城市发展的实体地域,并以此为基础进一步研究中国的城市收缩问题。美国、加拿大、英国、日本等典型国家,以及欧盟和 OECD 等国际组织均采用某类标准重组城市空间,形成不同类型的都市经济区,作为规划管理、政策实施及科学研究的空间尺度(表 1-3-3)。本书系统考察先发国家或国际组织超越城市"行政边界"、重组城市空间以改善城市治理的理念、方法和实践经验,并借鉴运用于审视及应对当前城市收缩,以及中国城镇化和城镇体系建设中遭遇的一些问题。

表 1-3-3　都市经济区关键词中英文对照

| 国家/<br>国际组织 | 英文缩写 | 英　文　全　拼 | 中　文　对　照 |
|---|---|---|---|
| 美　国 | MSA | Metropolitan Statistic Area | 大都市统计区 |
| | McSA | Micropolitan Statistic Area | 小都市统计区/居民区 |
| 加拿大 | CMA | Census Metropolitan Area | 大都市普查区 |

续　表

| 国家/<br>国际组织 | 英文缩写 | 英　文　全　拼 | 中　文　对　照 |
|---|---|---|---|
| 英　国 | TTWA | Travel To Work Area | 通勤区 |
| 日　本 |  | Major Metropolitan Area | 主都市区 |
|  | UEA | Urban Employment Area | 城市就业区 |
|  | MEA | Metropolitan Employment Area | 大都市就业区 |
| 欧　盟 | NUTS | Nomenclature of Territorial Units for Statistics | 标准地域统计单元 |
| OECD | FUA | Functional urban area | 功能性城市区域 |

## 三、研究方法

### (一) 比较分析方法

本书通过对比国际通用城市概念以及国内习惯意义上城市行政区的概念,发现两者在空间维度上不具可比性。考虑到中国绝大多数城市管理政策、规划文件和统计体系均以城市行政区为基准空间单元的使用习惯,本书将中国行政区意义的城市界定为"广义的城市",将实体地域意义上的城市界定为"狭义的城市",继而相应识别中国"广义的收缩城市"和"狭义的收缩城市"。本书在分析中国城市收缩的影响因素、中国城市收缩产生的经济社会效应过程中,均对比分析了两类收缩城市出现的异同。这对于厘清中国"城市"发展的表象,加深对中国城市发展过程的认知大有裨益。

### (二) 数据驱动方法识别中国城市收缩的影响因素

影响中国城市收缩的因素众多。城市收缩本质上是城市中微观劳动个体跨越一定行政边界进行的对外迁移的结果。2000—2010 年,中国城镇化和工业化快速发展,一方面,根据配第-克拉克定理,劳动力根据不同产业间的收入差距在不同产业间进行转移,总体表现为由农业转移到第二和第三产业,由劳动生产率较低的地区转移到劳动生产率较高的地区。在这一过程中,市场规律起主导作用。另一方面,为了缩小区域差距,中国政府自 21 世纪初开始实施的以"西部大开发"为代表的区域平衡政策,通过对中西部投资设厂,引导要素集聚形成经济增长点,同时用地指标配额制度的实施在某种程度上阻碍了要素继续向东部地区的流动。因此,影响中国城市收缩的因素至少包括市场规律、政府政策、区位,加之其他学者指出的公共服务水平、城市初始要素禀赋等,错综复杂。

本书并不提前预设哪一类因素对城市收缩具有显著作用,而是采取数据驱动的方式,以数据真实展现出来的结果来形成本书的相关结论。

(三) 以实证分析方法为主识别中国城市收缩的经济社会效应

本书分别结合 2000—2007 年中国工业企业数据库、中国家庭个人金融调查(CHFS)、中国城市统计数据观察城市收缩可能带来的企业 TFP、区域收入差距和城市基本公共服务供给水平的变化。

在识别城市收缩对企业 TFP 影响效果时,为了避免内生性,本书对 2000 年、2007 年企业数据分别进行回归分析,通过对比两个年份收缩城市和非收缩城市企业 TFP 的变化规律,得出相关结论。

在识别城市收缩对区域劳动力工资收入差距的影响效果时,本书通过对比增加劳动力个人特征变量前后回归系数的差异,寻找收缩城市和非收缩城市劳动力个人工资差异的重要来源。

在识别城市收缩对城市基本公共服务供给水平的影响效果时,首先利用主成分分析方法,将 10 余项反映城市医疗、教育、交通等 8 个方面基本公共服务供给的因素降维,得到城市基本公共服务供给水平综合得分,将之作为因变量进行回归分析得出相关结论。

(四) 案例分析方法

本书第七章选取中国城市收缩的典型区域之一——武汉城市圈,作为特定区域收缩的案例进行分析。本书对武汉城市圈的收缩现状、土地利用情况进行事实统计,并以黄冈市为例,说明单一城市收缩的原因、发展现状及规划应对情况。本书在以上案例分析的基础上,得出以"区域的、整体的"视角看待单一城市收缩的必要性,即单一城市的收缩可能提高了区域范围内核心城市的要素集聚程度,整体提高了区域的生产效率。

(五)归纳法

城市收缩是人口跨区域流动的直接后果,人口跨区域流动自发形成了基于经济要素联系的人口分布格局,即相对独立的劳动力市场。在研究过程中,笔者发现,先发国家和国际组织基于经济要素联系的紧密程度,均不约而同地划分了由人口密集的核心地区和与其具有高度经济一体化的邻近地区所组成的"都市经济区",如美国的都市区、加拿大的都市普查体系、英国的通勤区、日本的城市就业区、欧盟的三层级标准单元体系和OECD的功能性区域等。本书系统总结了这些先发国家和国际组织划分"都市经济区"的实践和经验,寻找共同规律,得出中国划分都市经济区、重组城市空间的可行性启示和方法启示,在此空间单元基础上倡议对中国城市收缩问题做进一步的深入分析。

# 第四节 本书的创新与不足

## 一、本书的创新

### (一)初步建立中国城市收缩的研究框架

在中国长期以增长为主的发展模式下,现有文献更加关注由于人口大量增加导致沿海大城市出现的"大城市病"及城市治理问题,对于要素净流出地区的发展状况鲜少着墨。近年来也有少数学者关注了中国的城市收缩现象,描述了城市收缩的客观实事,但对城市收缩经济社会运行状态和影响因素等仍未来得及做充分解读。本书在"城市行政地域"和"城市实体地域"两个维度上,科学地定义中国的收缩城市,以此为基础,结合中国经济社会统计数据,分析中国收缩城市的发展状态与空间结构,并对城市收缩过程中可能产生的企业生产效率下降、区域差距扩大以及城市公共服务供给水平降低等经济社会现象进行解读,初步建立中国城市收缩的研究框架。

(二)从微观视角研究人口流动对地区生产效率的影响

虽然国内有相关文献研究了人口流动的经济社会效应,但大多从宏观视角切入,关注人口流动整体上对地区经济社会发展状态的影响,如要素配置效率、宏观经济增长、收入分配等,极少采用微观数据进行分析,造成研究视角上的缺憾。

生产活动构成了城市发展的物质基础,是经济活动的起始环节。本书将观测对象锁定为生产活动的主体——企业,利用 2000—2007 年中国工业企业数据,准确测量反映企业生产效率的企业全要素生产率(TFP)的变化,分析中国城市收缩引发城市企业活力下降的可能性。

(三)发现了中国城市收缩过程中的几大特殊性

1. 我国工业化转型发展和作为统一大国便于实施的区域平衡政策,构成了中国城市收缩的特殊背景。在研究中国城市收缩的影响因素时,笔者发现:就全国范围内而言,2000 年和 2010 年两次普查年间,西方国家普遍存在的老工业城市收缩现象在中国并不明显。中国的老工业基地城市是国家投入较多、集中度较高、规模较大的综合性城市,其中包括 21 个省会城市,在较长时间内扮演中国经济和社会顶梁柱的角色。综合实力较大、民营经济开放、产业多样化等特点,最终使中国老工业基地城市在最有可能发生人口流失的 10 年也保持了一定的经济增长活力。

2. 中国"市辖县"这一特殊的行政区划设计,决定了研究中国城市收缩问题时选择合理的空间尺度的特殊性。中国现行通用的"城市"实际上是国家进行行政管理的单元,特别是中国现行"市辖县"的行政区划设计,没有体现"人口和经济活动在空间上的集聚"这一基本特征,难以反映中国城镇化发展的真实状态。因此，在研究中国城市收缩问题时，一方面，要考虑到中国目前在相关研究和政策制定中，已形成的对行政区域城市空间范围的使用习惯；另一方面，还要考虑到较为符合"致密而紧凑"的城市实体地域上的人口流失问题，弥补中国习惯意义上的"城市"空间尺度过大的缺憾，更为精确地刻画中国城市的人口集聚能力在空间上的差异。

3. 中国各地级行政单位即相互独立又统一于中央调配和管理的行政机制设计，导致中国收缩城市可能依然存在不断扩大投资规模、"力争上游"的特殊的竞争发展模式。在探讨中国收缩城市基本公共服务水平的变化时，研究发现"狭义的收缩城市"市辖区公共服务水平并没有显著低于非收缩城市。这与市辖区在整个城市发展过程中的"核心地位"相关。市辖区是城市发展的核心区域，人口和经济密度大，已然成为整个城市发展的名片。因此，即使市辖区范围内人口减少，但政府吸引外资力度、公共服务投资水平等依然维持较高水平。

### （四）研究区域不均等的视角上的创新

现有文献界定地区收入差距的视角大多限定为"城乡""省域"和"东、中、西部三大板块"等类型，忽视了以中小城市为主的、广大人口净流出地区也面临人力资本存量下降、可持续发展受到威胁的事实。实际上，近几年中小城市发展迟缓的现状已不容小觑：中国非农业人口 20 万人以下的小城市人口增长率（2000—2011 年）为−21.81%，城区人口 20 万人以下的小城市人口增长率（2006—2011 年）为−17.34%。

在新型城镇化背景下，建立"功能完备、布局合理"的城镇体系，除了需要关注传统的"城乡"等类型的区域差距外，还应特别关注人口净流出的中小城市的发展。因此本书从"收缩城市和非收缩城市"的角度切入，研究中国人口增减对区域差距的影响是一大重要尝试。进一步地，探寻城市收缩造成区域差距的内在机制，即主要通过文献分析和实证检验的方法，识别劳动力技能结构变化等因素对收缩城市和非收缩城市之间区域差距的影响程度。

（五）研究人口流动与城市公共服务水平关系的视角上的创新

以往学者的研究多将城市公共服务作为外生变量,研究公共服务水平对人口迁移决策和城市发展的影响,如城市舒适度如何影响了人口迁移和经济增长,强调城市公共服务水平对劳动力流动的影响以及其在城市发展过程中的重要作用。相较之下,随着人口增减而带来的城市公共服务的内生变化,则鲜有学者讨论。

另外,目前学者对城市公共服务水平的评判,多以某单一指标为主,如医疗、教育或气候等,不能综合反映城市公共服务的总体水平。本书参考政府文件《国家基本公共服务体系"十三五"规划》中所列出的公共服务体系框架,借鉴学者研究中对城市基本公共服务水平的分类和应用,甄选包括公共教育、公共医疗等在内的 10 余项指标,利用主成分分析方法计算每一个城市的基本公共服务供给水平得分。在此基础上分析中国城市收缩引发的城市基本公共服务供给水平下降的可能性。以上工作也是对中国城镇化过程中所出现的公共服务不均等现象的有益探索。

## 二、本书的不足与进一步研究方向

（一）样本观测周期滞后

本书利用两次人口普查数据（2000 年和 2010 年）识别中国的收缩城市,一是为了克服非普查数据中户籍人口应用性不强的问题;二是可以利用乡镇、街道数据剔除行政区划变动对识别结论的影响。这在一定程度上影响了本书对中国城市收缩最新状态的及时反映。在未来研究中,应尝试突破数据限制,结合中国实际和具体发展阶段,深化中国城市收缩问题研究。

（二）统计数据的空间范围受限

本书基于数据的可获得性,研究中国城市收缩问题。正如本书提出,鉴于中国行政区划设计中"市辖县"的特殊性,应结合"城市行政地域"和"城市实体地域"两类空间范围,分别探讨中国城市收缩的发展现状及可能带来的一系列经济社会影响。然而,本书受统计数据限制,以"市辖区人口减少的城市"具体界定"狭义的收缩城市",虽然一定程度上可以反映"城市实体地域"人口的增减,但基于"致密而紧凑"和"人口和经济活动集聚"的城市实体地域的概念的内涵,仍然没有被完全揭示出来。未来研究应首先科学界定中国城市的实体地域,基于此空间范围进行系统有效的统计工作,准确判定中国收缩城市的分布特点以及未来发展趋势。

(三)本书初步建立的中国城市收缩的研究框架有待进一步完善

本书通过科学地界定中国的收缩城市,研究了中国城市收缩的影响因素,并从生产效率、区域平衡发展和城市公共服务供给三个角度,研究了中国城市收缩可能产生的经济社会结构的变化,进一步通过典型案例分析和国际经验疏理,得出应对城市收缩的政策启示。通过上述工作,本书初步建立了中国城市收缩问题的研究框架。但要完善此研究框架,仍需进一步研究收缩城市内部的发展结构、空心村问题以及与城市消费活力等相关的几大主题。

# 第二章
# 中国城市收缩的识别、
# 空间特征和发展现状

  中国在快速城镇化进程中,每年人口城镇化率以约 1 个百分点的速度提升,人口在城市之间和城市内部的流动重构了人口空间结构。集聚经济导致人口等生产要素和各类资源在空间上相对集中,推动了大城市的人口规模不断扩大,与此同时部分中小城市人口规模下降甚至出现了可持续发展的危机。根据中国第五次和第六次全国人口普查数据,2000—2010 年中国 1 000 万人以上城市人口份额从 6.66％提高至 14.01％,未来人口可能还将进一步向大城市集聚。同时,2000—2010 年,中国 337 个地级/副省级行政区中约 26.71％的城市发生了人口流失,即"城市收缩"现象;21 个城市市辖区以及 5 个地区(盟/自治区)政府驻地也面临人口流失问题。人口持续流失在某种程度上意味着地区经济发展潜力下降、人力资本存量不足、地区差异扩大等,预示城市衰败轨迹。因此,对于收缩城市的准确界定、比较收缩城市与非收缩城市经济发展的差异,以及进一步确定中国城市收缩的原因,值得我们进行深入研究。

  以人口流失为核心特征的城市收缩现象普遍存在于欧美亚国家,一直是国际学者所高度关注的热点问题之一。1950—2000 年,全球人口超过100 万人的城市失去了大约 1/10 的人口(Oswalt and Rieniets,2006);欧洲1996—2001 年,约 57％的城市人口规模出现下降(Wiechmann and Bontje,

2015);美国 59％的大中型城市在 1950—1980 年出现人口流失(Beauregard, 2011);另外,英国(Oswalt,2005)、德国(Mykhnenko and Turok,2008)、日本(Martinez-Fernandez et al.,2012)等国家的老工业城市,也面临持续收缩的问题。继 1988 年德国学者 Häußermann 和 Siebel 正式提出"收缩城市(Shrinking city)"一词,涌现出大量以西方国家城市为案例的相关研究,内容涉及收缩城市的定义、类型、原因及应对措施等,已成体系。

相较之下,中国城市收缩研究刚刚起步。已有文献更加关注由于人口大量增加导致沿海大城市出现的"大城市病"及城市治理问题,对于要素净流出地区的发展状况鲜少着墨,近期才开始引起学者关注。黄鹤(2011)较早地向国内介绍了美国应对城市衰退的"精明收缩"理念和实践,其后德国、加拿大、日本、英国等国家城市收缩的案例研究相继出现。近年来也有少数几位学者(龙瀛等,2015;李郇等,2015;吴康等,2015)关注了中国的城市收缩现象,描述了城市收缩的客观事实,但对城市收缩经济影响因素、发展现状等仍需进一步做充分解读。本章将从全市和市辖区两个空间维度识别中国城市收缩的空间格局,并匹配经济社会发展数据,分析中国收缩城市的发展现状,进一步分析城市收缩的影响因素。

# 第一节　中国城市收缩的识别

## 一、"城市"空间尺度选取

1. 本书将中国"城市行政区"称为广义的"城市",以此空间尺度识别的收缩城市称为"广义的收缩城市"。广义的"城市"是目前国内进行与城市相关的科学研究的"惯常用法",在这一空间尺度上对"广义的收缩城市"的探索,具有重要的研究意义。广义的"城市",即"市辖县"的空间尺度,目前仍构成了绝大多数与城市相关的研究主题的基本空间单元,如人口迁移、人口老龄化、城市规模的经济社会效应等研究,均采用广义的"城市"的统计数据,所得出的结论也是围绕广义的"城市"而展开。因此,本章首先以"广义的收缩城市"作为研究对象,是符合国内科学研究的使用习惯和逻辑顺序的。而且,在这一空间尺度上的城市收缩的研究,可以反映我国人口空间分布的全貌和整体结构,具有重要的研究意义。

2. "广义的收缩城市"的研究,是具有中国特色的,能够反映"中国故事",具有重要的现实意义。"市辖县"这一具有中国特色的行政体制,已实际影响到了全国资源与要素的配置,参与到了中国城市发展的过程中,如中国出现的与"行政区经济"(刘君德,2006)相关的市场分割、户籍制度对于人口流动的限制等。"广义的收缩城市"的研究可以客观地反映"市辖县"这一行政设计及其形成的行政力量对于城市发展轨迹的影响,从人口规模变化的角度反映城市发展的实际效果。这对于地方政府制订相关的城市发展规划、调整城市发展方向等具有政策启示意义。

3. 国内已有学者注意到单以行政区划为空间尺度标准出台的城市政策的科学性、合理性及可行性受到的挑战,如江曼琦和席强敏(2015)发现中国城市行政地域范围与基于集聚视角的主要城镇化地区的空间分布存在较大差异,不能反映中国城镇化的真实状况。因此,本章进一步界定了中国的"狭义的收缩城市",即以"城市实体地域"为空间尺度界定的收缩城市。综合中国城市区划设计现状、统计数据的可获得性,本书具体将在市辖区这一空间尺度上,研究中国"狭义的收缩城市"。

## 二、中国收缩城市的识别

国际研究以人口流失作为衡量城市收缩的具体指标,本章遵循国际惯例,并根据中国现行行政区划,将中国收缩城市定义为:在快速的城镇化过程中,常住人口出现持续流失的城市。本章从两类空间尺度对中国收缩城市进行界定:从较大空间尺度上,表现为地级/副省级城市(地区、盟、自治州)的收缩。同时,考虑到中国"市辖县"的行政区划为区域概念,而非城市本体(周一星,1989),本章还将引入市辖区/街道范围这一空间尺度,并将市辖区/街道范围人口也出现持续流失的城市定义为狭义的收缩城市。

首先,以地级/副省级城市(地区、盟、自治州)为空间尺度,利用两次人口普查数据(2000年和2010年),识别广义的收缩样本。数据处理和具体识别步骤为:

1. 依据行政区划变动情况[①],以2010年行政区划为准,调整2000年相应行政单位的人口规模。[②]

2. 计算各城市10年人口变动率,如果这一指标小于0,即为识别出的收缩城市(表2-1-1[③])。

**表2-1-1 地级/副省级行政单元数据处理结果**

| 行政单元 | 合　计 | 地级市 | 自治州 | 盟 | 地　区 |
|---|---|---|---|---|---|
| 总　　数 | 337 | 287 | 30 | 3 | 17 |
| 收缩个数 | 90 | 85 | 4 | 0 | 1 |
| 收缩个数占比 | 26.7% | 29.6% | 13.3% | 0% | 5.9% |

将两次普查年间地级/副省级行政单元人口变动率匹配地理信息,可以看出,中国收缩城市多集中在东北地区和长江流域,主要包括甘肃、贵州、重

---

① 政区划调整的信息来源于:中国行政区划网(http://www.xzqh.org.cn/index.php/Home/Article/detail/id/4563.html)、行政区划网(区划地名网,http://www.xzqh.org/html/)以及各省、市、县等行政网站中发布的信息。

② 据笔者统计,两次普查年间涉及42个地级/副省级城市层面的区划调整。其中,24个副省级地区/盟改为地级市,如2003年10月30日,国务院批准(国函〔2003〕113号)撤销思茅地区,设立地级思茅市;2007年1月21日,国务院批准(国函〔2007〕8号)同意云南省思茅市更名为云南省普洱市。4个地级/副省级单元涉及县市合并或拆分,如2002年10月16日,国务院批准(国函〔2002〕92号)撤销琼山市和海口市秀英区、新华区、振东区,以琼山市(县级市)和海口市原秀英区、新华区、振东区的行政区划设立海口市秀英区、龙华区、琼山区、美兰区。14个城市与其他地级/副省级行政单元之间存在交叉调整,如2003年12月31日,国务院批准(国函〔2003〕139号),撤销中卫县,设立地级中卫市,并将吴忠市的中宁县、固原市的海原县划归中卫市管辖。

③ 在数据处理过程中,固原市和中卫市的行政区划调整涉及村级数据,鉴于其对本书结论影响较小,为保证样本完整性,作者在此做忽略处理。

庆、湖北、安徽、福建、江苏、辽宁,以及黑龙江北部、内蒙古北部和中部、四川东部。人口大量增加的城市主要集中在中国的重要增长极地区,如京津冀、长三角、珠三角以及在区域平衡政策下逐渐集聚人口和经济活动的新疆和西藏部分城市。

其次,从市辖区这一空间尺度,识别狭义的收缩城市。以地级/副省级城市为空间尺度研究人口流失现象,可以反映中国人口空间分布结构的全貌,但中国城市是行政地域范围划定的城市空间,反映中国城镇化发展状态的能力有限(江曼琦和席强敏,2015)。市辖区作为城市发展的核心区域,人口密度大,流动人口集中,市辖区人口的持续流失,可以反映城市收缩的严重程度,弥补中国"城市"空间尺度过大的缺憾,更为精确地刻画中国城市的人口集聚能力在空间上的差异。

据笔者统计,两次普查年间涉及 122 个地级/副省级城市市辖区层面的区划调整。其中,7 个市辖区更名[1]、25 个新设立[2]、19 个存在内部区划调整[3]、33 个涉及"撤县设区"[4]、33 个与本市内部县级单位存在交叉调整[5]、5 个与其他城市存在交叉调整[6]。本章根据中国 2 865 个县市(区)级别行政单元的区划变动信息,利用乡镇、街道级别的数据调整相应县市(区)人口规模[7],

---

[1]　举例:2005 年 6 月 15 日,民政部《关于湖南省永州市芝山区更名为零陵区的批复》(民函〔2005〕138 号):经国务院批准,永州市芝山区更名为零陵区,行政区域不变。

[2]　举例:2003 年 12 月 31 日,国务院批准(国函〔2003〕139 号),设立地级中卫市:(1)撤销中卫县,设立地级中卫市。(2)中卫市设立沙坡头区,以原中卫县的行政区划为沙坡头区的行政区划。

[3]　举例:2004 年 6 月 3 日,国务院批准(国函〔2004〕42 号)调整昆明市五华区、盘龙区、官渡区、西山区的行政区划。五华区面积由 15.96 平方千米调整为 397.86 平方千米;盘龙区面积由 15.1 平方千米调整为 339.79 平方千米;官渡区面积由 1 025 平方千米调整为 552.21 平方千米;西山区面积由 1 058 平方千米调整为 791.14 平方千米。

[4]　举例:2003 年 1 月 29 日,国务院批准(国函〔2003〕11 号)撤销县级潮阳市,分别设立汕头市潮阳区、潮南区。

[5]　举例:湖南省民政厅批准(湘民行发〔2008〕8 号)将长沙县椒梨镇韶光社区居委会划归芙蓉区东岸乡管辖。

[6]　举例:2003 年 12 月 31 日,国务院批准(国函〔2003〕139 号)将原石嘴山市陶乐县的月牙湖乡划归银川市兴庆区管辖。

[7]　考虑到对数据处理结果的影响较小,本书保留涉及 3 个及以内村级行政单元调整的市辖区。

最终识别 269 个可用地级/副省级城市市辖区人口变动数据。同时,对不设市辖区的自治州(地区/盟),本章将其政府驻地近似地代替市辖区,共识别49 个可用地区(自治州、盟)政府驻地。

从全市收缩和市辖区收缩两个维度,将 318 个可用地级/副省级行政单元的收缩分为Ⅰ、Ⅱ、Ⅲ、Ⅳ四种类型(表 2-1-2)。Ⅰ类城市的全市和市辖区人口增长率均为正,数量最多,包含 226 个样本,说明中国大部分地级及以上行政单元处于人口集聚的状态;Ⅱ类和Ⅲ类城市两次普查年间人口增长率为负,共同构成了广义的收缩城市,其中Ⅱ类城市市辖区/政府驻地人口增加,包含 61 个样本;Ⅲ类城市市辖区/政府驻地人口减少,包含 26 个样本,构成了狭义的收缩城市,占收缩城市比重 29.89%。在中国快速城镇化过程中,市辖区人口的减少更大程度上预示城市经济和消费活力的下降,未来可能将面临更大的经济社会发展风险。Ⅳ类城市全市人口增加,市辖区/政府驻地人口减少,说明市域范围内人口更多分布于市辖区/政府驻地之外的地区,此类型包含 5 个样本城市。

表 2-1-2 "全市-市辖区"二维尺度城市分类及数量

| | 全市收缩 | 全市不收缩 | 合 计 |
|---|---|---|---|
| 市辖区/政府驻地收缩 | 26(Ⅲ) | 5(Ⅳ) | 31 |
| 市辖区/政府驻地不收缩 | 61(Ⅱ) | 226(Ⅰ) | 287 |
| 合 计 | 87 | 231 | 318 |

表 2-1-3 给出了狭义的收缩城市(Ⅲ类城市)的全市人口增长率和市辖区人口增长率信息。狭义的收缩城市较多地分布于湖北、四川、安徽和黑龙江四省,以湖北黄冈市、随州市、恩施自治州,以及四川广安市、资阳市、广元市的收缩最为严重。人口是经济活动中最为活跃的要素,人口减少较大程度上预示本地区经济能级的下降。本章第三节将集中讨论收缩城市的经济、社会等发展状态。

表 2 - 1 - 3 Ⅲ类城市的人口增长率和市辖区人口增长率

| 省　份 | 城　市 | 全市人口增长率 | 市辖区人口增长率 |
|---|---|---|---|
| 陕　西 | 渭南市 | −0.001 2 | −0.013 2 |
| 甘　肃 | 定西市 | −0.043 1 | −0.063 8 |
| 河　南 | 信阳市 | −0.064 1 | −0.020 5 |
| 贵　州 | 安顺市 | −0.014 6 | −0.002 5 |
| 贵　州 | 黔南布依族苗族自治州 | −0.094 4 | −0.042 5 |
| 安　徽 | 阜阳市 | −0.050 5 | −0.109 8 |
| 安　徽 | 巢湖市 | −0.072 0 | −0.072 0 |
| 安　徽 | 宣城市 | −0.047 6 | −0.061 0 |
| 黑龙江 | 鸡西市 | −0.043 1 | −0.052 5 |
| 黑龙江 | 鹤岗市 | −0.036 8 | −0.043 4 |
| 黑龙江 | 伊春市 | −0.081 2 | −0.103 0 |
| 辽　宁 | 抚顺市 | −0.054 1 | −0.027 8 |
| 吉　林 | 辽源市 | −0.071 7 | −0.027 6 |
| 湖　北 | 荆州市 | −0.093 7 | −0.019 6 |
| 湖　北 | 黄冈市 | −0.133 2 | −0.018 2 |
| 湖　北 | 咸宁市 | −0.088 2 | −0.097 0 |
| 湖　北 | 随州市 | −0.129 8 | −0.198 2 |
| 湖　北 | 恩施土家族苗族自治州 | −0.128 4 | −0.008 1 |
| 四　川 | 自贡市 | −0.117 0 | −0.094 7 |
| 四　川 | 广元市 | −0.189 1 | −0.053 5 |
| 四　川 | 遂宁市 | −0.064 5 | −0.043 9 |
| 四　川 | 内江市 | −0.110 0 | −0.101 2 |
| 四　川 | 广安市 | −0.222 7 | −0.214 9 |
| 四　川 | 巴中市 | −0.001 9 | −0.050 3 |
| 四　川 | 资阳市 | −0.219 8 | −0.108 6 |
| 福　建 | 南平市 | −0.060 7 | −0.042 8 |

# 第二节　中国城市收缩的空间形态

进一步,本章利用 2 865 个县市(区)人口规模增减数据,观察地级/副省级行政区内部收缩形态。对比两次普查数据,存在 85 个重名的县市(区)①、57 个更名的县市(区)②,以及 439 个新设或发生过乡镇街道重新划分的县市(区)③。根据《中国 2000 年人口普查分乡、镇、街道资料》中的数据,以2010 年区划为准,调整了 2000 年相应县市(区)的人口规模。最终识别 997个十年人口变动率为负的县市(区),占比 37.16%(表 2-2-1)。

表 2-2-1　中国 2000—2010 年县市(区)数据处理结果

| | 县市(区)总量 | 删　除 | 异常值 | 可用县市(区) | 收缩县市(区) |
|---|---|---|---|---|---|
| 数量 | 2 865 | 177 | 5 | 2 683 | 997 |
| 比例 | 100% | 6.18%# | 0.17%# | 93.65%# | 37.16%* |

| | 收缩县市(区) | 收缩率 0%~5% | 收缩率 5%~10% | 收缩率 10%~15% | 收缩率 15% 及以上 |
|---|---|---|---|---|---|
| 数量 | 997 | 393 | 288 | 166 | 150 |
| 比例 | 100% | 39.42%** | 28.88%** | 16.65%** | 15.05%** |

注:#表示相应县市(区)占县市(区)总量比重;*表示收缩县市(区)占可用县市(区)比重;**表示相应县市(区)占收缩县市(区)比重。

根据各城市内部县市(区)人口增减状态,可观察中国城市内部主要收缩结构,分为以下几种典型类型:(1)非收缩,两次普查年间各县市(区)均没有发生人口流失,如嘉兴、沧州等;(2)全收缩,两次普查年间全部县市(区)均出

① 举例:贵州省贵阳市和广东省广州市均设立白云区。
② 举例:2002 年 6 月 2 日,国务院批准(国函〔2002〕45 号)撤销长安县,设立西安市长安区,以原长安县的行政区域为长安区的行政区域。
③ 举例:2004 年 5 月 29 日,国务院批准(国函〔2004〕40 号)调整韶关市部分行政区划:撤销韶关市曲江县,设立韶关市曲江区,曲江区辖原曲江县的马坝镇等 10 个镇,将原曲江县的犁市镇等8 个镇分别划归韶关市浈江区、武江区和仁化县管辖。

现人口流失,如广安、黄冈等;(3)"二分法式",人口流失的县市(区)位于地
级/副省级行政单元的某一区位,其余区位的县市(区)均不收缩,如同将地
级/副省级行政单元一分为二,如杭州、宣城等;(4)"点部集中式",地级/副
省级行政单元内部仅有某小块区位出现人口流失,如邵阳、宜春等;(5)"边
缘式",核心地区县市(区)人口增加,边缘地区县市(区)人口减少,如达州、
十堰等;(6)"沙漏式",核心地区县市(区)人口减少,边缘地区县市(区)人
口增加,如北京、上海。选取典型地级市绘制图 2 - 2 - 1。

　　从县市(区)角度,中国城市内部出现以上多种收缩结构,与中国现阶段
城市发展阶段、快速城镇化背景,以及两次普查年间中国市场化体制改革力
度相关。根据中国收缩城市识别结果,人口增加的地区多集中在长三角、珠
三角、京津冀及中部地区部分省市,人口减少的地区多集中在东北部地区以

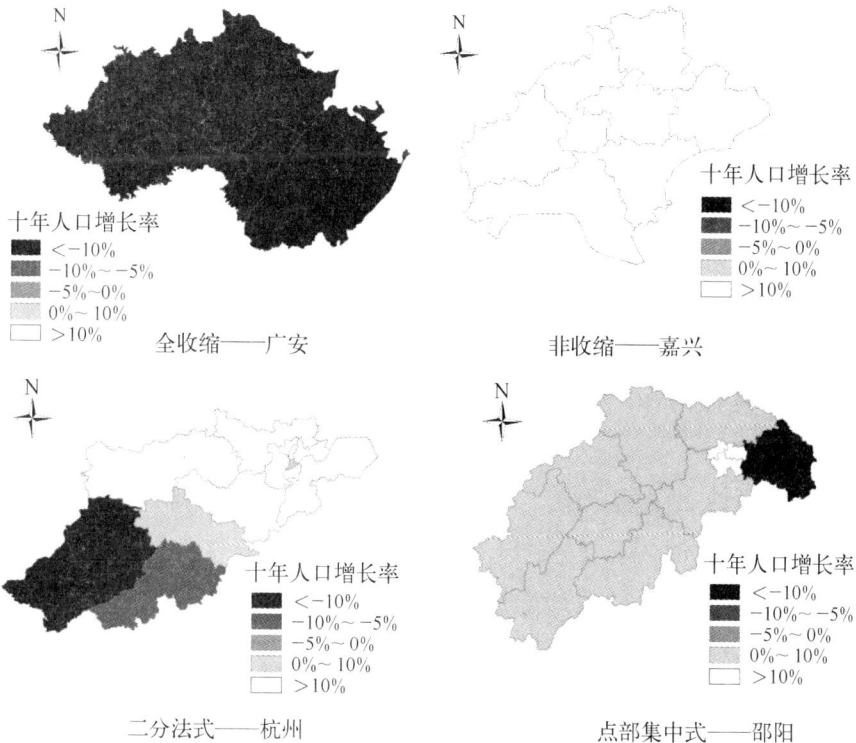

全收缩——广安

十年人口增长率

- <-10%
- -10%～-5%
- -5%～0%
- 0%～10%
- >10%

非收缩——嘉兴

十年人口增长率

- <-10%
- -10%～-5%
- -5%～0%
- 0%～10%
- >10%

二分法式——杭州

十年人口增长率

- <-10%
- -10%～-5%
- -5%～0%
- 0%～10%
- >10%

点部集中式——邵阳

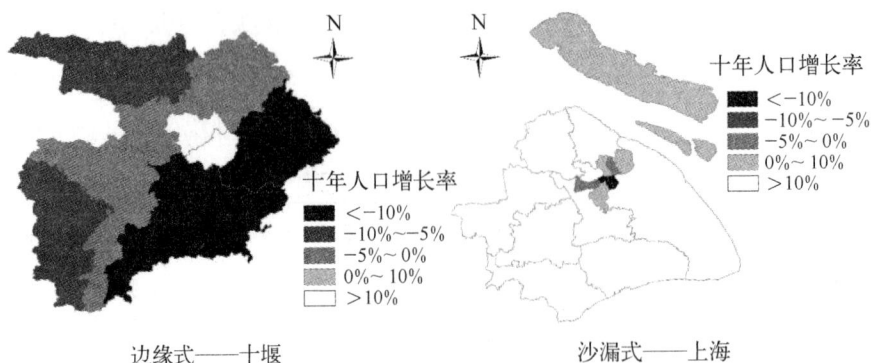

**图 2 - 2 - 1　中国城市内部收缩/不收缩县市(区)组合形态**

注：笔者根据 2000 年和 2010 年两次全国人口普查数据绘制。

及长江中游省市,全收缩和非收缩城市的分布即是这一现象的客观反映;"边缘式"是目前中国城市内部最普遍的收缩/不收缩县市(区)组合类型,与两次人口普查年间,"人口由乡村流向城市,由县市流向市辖区"的中国快速城镇化趋势相吻合;"沙漏式"则体现了人口向郊区转移的趋势,与部分城市郊区化发展阶段相关,如上海、北京、广州等(谢守红,2007;王放,2010;王春兰等,2015)。另外,城市的发展寓于区域之中,到区域中心城市的距离影响本地区的经济社会发展(Fujita et al.,1999a;徐政等,2010;朱虹等,2012),杭州收缩县市(区)和非收缩县市(区)组成的"二分法"结构,或与上海辐射能力不无关系。再者,地理资源禀赋也关系到城市内部县市(区)的收缩结构,邵东县"旱多雨少、平原面积仅占 10.85%"等地理环境形成邵阳市"点部集中式"形态。

# 第三节　中国城市收缩的经济
## 社会发展状态

人口是地区经济生产和消费的主体,人口的持续减少在何种程度上预示城市衰败? 本节将收缩城市、非收缩城市,以及Ⅲ类城市(全市收缩,市辖区也收缩,即狭义的收缩城市)匹配经济社会发展数据①,观察它们在人口、经济、财政、投资和教育等方面的经济社会表现(表 2 - 3 - 1)。

**表 2 - 3 - 1  收缩城市和非收缩城市经济社会发展主要指标**

(1) 收缩城市和非收缩城市人口规模和人口密度

| 城市类型 | 人口变动率(%) | 总人口(人) | | 各行业人口总计(人) | | 人口密度(人/平方千米) | |
|---|---|---|---|---|---|---|---|
| | | 2000 年 | 2010 年 | 2000 年 | 2010 年 | 2000 年 | 2010 年 |
| 收缩城市 | −5.063 3 | 4 226 776 | 4 031 433 | 231 093 | 218 290 | 382.14 | 359.01 |
| ♯Ⅲ类城市 | −8.376 7 | 3 619 461 | 3 299 040 | 186 729 | 178 596 | 383.00 | 392.47 |
| 非收缩城市 | 12.281 0 | 3 939 801 | 4 479 402 | 214 757 | 239 668 | 444.00 | 457.68 |

(2) 收缩城市和非收缩城市经济效率和财政收支

| 城市类型 | 人均 GDP(元/人) | | 单位面积 GDP(万元/平方千米) | | 预算内财政支出占 GDP 比重(%) | | 预算内财政缺口占 GDP 比重(%) | |
|---|---|---|---|---|---|---|---|
| | 2000 年 | 2010 年 | 2000 年 | 2010 年 | 2000 年 | 2010 年 | 2000 年 | 2010 年 |
| 收缩城市 | 5 335.50 | 22 302.24 | 192.27 | 697.14 | 3.64 | 22.96 | 1.33 | 17.30 |
| ♯Ⅲ类城市 | 4 633.78 | 18 595.24 | 147.61 | 561.05 | 3.49 | 22.62 | 1.49 | 17.73 |
| 非收缩城市 | 9 392.36 | 37 350.12 | 575.82 | 2 403.86 | 4.22 | 14.95 | 1.04 | 7.83 |

(3) 收缩城市和非收缩城市产业结构和人均投资

| 城市类型 | 第一产业 GDP 占比(%) | | 第二产业 GDP 占比(%) | | 第三产业 GDP 占比(%) | | 人均固定资产投资(元/人) | |
|---|---|---|---|---|---|---|---|
| | 2000 年 | 2010 年 | 2000 年 | 2010 年 | 2000 年 | 2010 年 | 2000 年 | 2010 年 |
| 收缩城市 | 27.35 | 19.05 | 38.87 | 46.88 | 33.67 | 34.06 | 1 082.05 | 17 286.01 |
| ♯Ⅲ类城市 | 29.27 | 21.62 | 37.73 | 45.28 | 32.64 | 33.10 | 867.68 | 15 111.65 |
| 非收缩城市 | 18.06 | 11.15 | 45.83 | 52.57 | 36.11 | 36.29 | 2 272.39 | 23 692.68 |

---

① 匹配数据来源:《中国城市统计年鉴》(2001 年和 2011 年)。

(4) 收缩城市和非收缩城市社会发展主要指标

| 城市类型 | 城镇化率（%） | | 大学专科及以上教育程度人口比重（%） | | 职工平均工资（元） | | 60岁及以上人口比重（%） | |
|---|---|---|---|---|---|---|---|---|
| | 2000年 | 2010年 | 2000年 | 2010年 | 2000年 | 2010年 | 2000年 | 2010年 |
| 收缩城市 | 31.13 | 42.27 | 2.46 | 6.262 4 | 7 068.95 | 28 495.23 | 12.00 | 17.99 |
| ♯Ⅲ类城市 | 34.04 | 42.92 | 2.37 | 5.607 0 | 6 401.87 | 26 887.48 | 11.70 | 18.57 |
| 非收缩城市 | 41.51 | 53.23 | 3.98 | 9.630 8 | 8 706.22 | 32 504.14 | 11.37 | 14.57 |

　　表2-3-1第(1)～(4)系列分别统计了三组城市人口规模、经济效率和财政收支、产业结构和投资，以及社会发展等方面的指标，及其在两次普查年间的变动情况。系列(1)显示，收缩城市的初始人口规模以及各行业人口规模均大于非收缩城市，而在样本考察末期，这两个指标均低于非收缩城市约9个百分点。两组城市在样本考察期间，人口密度的差距逐渐扩大，至2010年，非收缩城市人口密度高出收缩城市27.28%。

　　系列(2)对比了三组城市的经济效率和财政指标。三组城市中，反映经济生产效率的人均GDP和单位面积GDP均有提升，但至2010年非收缩城市的人均GDP明显偏高，是收缩城市的1.67倍左右，单位面积GDP则由2000年的2.99倍提升至2010年的3.45倍。相反，2010年收缩城市预算内财政支出及收支缺口占GDP比重较高，反映出收缩城市扩张的财政政策与收缩的人口规模之间的矛盾。另外，Ⅲ类城市人均GDP、单位面积GDP均低于收缩城市均值，预算内财政支出和财政缺口占GDP比重与收缩城市基本持平。

　　从系列(3)描述的经济结构相关指标看，三组城市在两次普查年间，第一产业GDP比重均有下降，但收缩城市这一比例高出非收缩城市约8.60个百分点，Ⅲ类城市最高，为21.62%；收缩城市第二产业GDP比重则低于非收缩城市约6.32个百分点，Ⅲ类城市最低，为45.28%；收缩城市第三产业GDP比重低于非收缩城市约2.34个百分点，Ⅲ类城市最低，为33.10%。

另外，两组城市的人均固定资产投资呈收敛趋势，相较于收缩城市，非收缩城市的人均固定资产投资由 2000 年的 2.10 倍下降至 2010 年的 1.37 倍，但收缩城市人均固定资产投资水平一直偏低，且Ⅲ类城市低于收缩城市平均水平。

系列（4）直观显示了三组城市城镇化率、教育水平、工资水平和老龄化（60 岁及以上人口比重）等社会指标的差异。两次普查年间，收缩城市的城镇化率（城镇人口占比）虽有提升，但均比非收缩城市低 10 个百分点左右；非收缩城市大专及以上教育水平人口占比高出收缩城市 3.37 个百分点，比Ⅲ类城市高出 4.02 个百分点，反映了收缩城市高技能劳动力流失的现象；至 2010 年，非收缩城市职工平均工资为收缩城市 1.14 倍，为Ⅲ类城市的 1.21 倍。另外，从统计数据看，2010 年收缩城市老龄化程度高出非收缩城市 3.42 个百分点，Ⅲ类城市则高出非收缩城市 4.00 个百分点。

综合来看，上述一系列指标显示，与非收缩城市相比，收缩城市，尤其是狭义的收缩城市，拥有较低水平的经济发展效率和社会发展水平。随着人口的持续流失，生产效率、财政收支、产业结构、教育水平和老龄化程度等指标均发生了变化，表现出愈加鲜明的地区差距。

# 第四节　本 章 小 结

本章根据 2000—2010 年中国行政区划变动信息，调整各县市（区）人口规模，精确识别了中国城市收缩空间格局，发现 26.71％的地级/副省级行政单元发生收缩，且 29.89％的收缩城市的市辖区出现了人口流失的现象，集中分布于中国东北和长江经济带中上游地区。进一步利用 2 865 个县市（区）数据，识别中国收缩城市 6 种典型的收缩结构，分别是非收缩、全收缩、"二分法式""点部集中式""边缘式"和"沙漏式"。其中，"边缘式"结构最为普遍,这与中国快速城镇化过程中,人口向中心城区的集聚趋势相关。为分析收缩城市经济社会发展状态,本章将非收缩城市作为参照组,发现收缩城市,尤其是以市辖区空间尺度界定的狭义的收缩城市,人口密度、经济效率、人均投资、城镇化率和高等教育水平偏低,财政赤字、第一产业比重和老龄化程度偏高,表明收缩城市的未来发展潜力正逐步下降。

《国家新型城镇化规划(2014—2020)》提出,至 2020 年中国常住人口城镇化率将达到 60% 左右。在快速城镇化背景下,人口向大城市的集聚,代价是中小城市以人口为核心的要素的流失,城市收缩在未来较长时间内,将成为城市发展的"新常态"。因此必须重视中国局部地区普遍存在的城市收缩现象,改变"城市必须增长"的思维模式,关注人口流失可能带来的经济社会结构的变化。在收缩城市的未来发展规划中,应采取"适应"收缩的态度(Sousa and Pinho,2015),将收缩视为一种不可回避的后果,不要客观忽视收缩,也不要主观轻视收缩,积极应对收缩城市可能引发的危机。

# 第三章
# 中国城市收缩的背景与影响因素分析①

自 20 世纪中叶以来,去工业化、郊区化、老龄化、资源枯竭等因素导致世界范围内部分城市人口规模出现下降。在中国,去工业化、资源相对枯竭、生育率下降等因素,也导致局部地区城市人口规模扩大不可持续,城市收缩成为经济发展的"常态"之一。本章首先介绍了 21 世纪初开始的中国城市收缩的特殊背景,以此为基础甄别影响城市收缩的几方面因素,接着结合中国城市经济社会发展数据,以数据驱动的方法,建立 Probit 模型,甄别中国城市收缩影响因素。

## 第一节　中国城市收缩的背景

城市收缩的原因随时代变迁而不同(Beauregard,2009)。从历史的角度,20 世纪以前,古罗马城以及玛雅文明的消失归因于战争或疾病;20 世纪之后,国际收缩城市大量存在,与全球技术进步、经济重心转移密切相关,具体表现为工业社会向服务社会转型的去工业化、城镇化发展后期的郊区化倾向,以及政治经济制度或体制转轨等引起的收缩。

---

① 本章部分内容发表于《东南大学学报》(哲学社会科学版)2016 年第 4 期。

与西方国家自 20 世纪初出现的城市收缩不同,中国城市收缩的背景主要包含以下三个方面。

**(一) 全球化和市场经济体制改革导致劳动力结构性失业**

经典理论模型揭示,随着经济发展程度的加深,技术进步、需求结构转换、资本积累等因素导致劳动力不断地从农业向非农业部门转移(Clark,1960;库兹涅茨,1999)。改革开放以后,尤其是 1997 年中共十五大正式确立"公有制为主体,多种所有制经济共同发展"的基本经济制度后,以 2001 年年底中国加入世界贸易组织为标志,中国市场经济逐渐完备并与全球经济深入衔接,促进人口在产业间的转移。

总体上来说,中国的市场化渐进式改革虽然没有出现"休克疗法"式的震荡,但竞争因素的加强,以及中国从制造业向服务业的经济转型,不可避免地造成国内劳动力结构性失业。Karl Marx 的资本有机构成论(马克思,1975),以及 Hicks(1963)提出的资本密集产业与就业增长的替代作用,都揭示了产业结构升级过程中资本对劳动的排斥力。这一作用已被多位学者所证实(刘乃全和孙海鸣,2003;詹浩勇,2010),认为以资本深化为特点的工业化阶段,对就业增长带来了负面影响。

**(二) 政府主导的区域政策的实施伴随劳动力地区间转移**

中国劳动力地区间迁移的影响因素错综复杂,除了根据效率原则进行市场化配置外,政府主导的区域政策,对劳动力迁移有重大影响。以改革开放初期沿海经济特区开放为代表的点状区域倾斜政策、以 20 世纪末"沿海、沿江、沿线"区域发展格局为代表的块状区域倾斜政策,以及以 21 世纪初"西部大开发"等为代表的区域平衡政策,均伴随地区间投资力度和财政优惠的差异,对劳动力的流动形成引导。

与市场机制的极化导向不同,区域政策愈加体现政府平衡发展的意志。对于拥有明显地理区位优势或有助于实现国家重大战略的地区,政府通过政策优惠强化集聚经济,造成人口空间配置的变化;对于在市场优胜劣汰机制下陷入经济困顿、资源掌控和要素调配能力不足的地区,政府通过资源倾斜可以影响这一地区的发展进程,延缓人口流失现象。从这个意义上来讲,中国的城市收缩也在某种程度上体现了中国特殊的政策导向。

（三）城镇化发展阶段在地区间的差异与人口流失

中国各地区城镇化发展阶段不同,导致城市内部出现不同的城市收缩形态,以郊区化最为典型。郊区化意味着城市内部人口空间结构的转变。根据《中国统计年鉴》,中国的城镇化率 2011 年首次超过 50％,2018 年为59.58％。但是中国各地城镇化率水平是不同的,西藏最低,为 31.14％,上海最高,为 88.10％。目前,国内学者较多地认同上海、北京、广州等大城市已经步入城镇化发展的郊区化阶段,即出现城市中心区人口流失,郊区人口增长率较高的现象。

城镇化发展阶段不同导致人口在城市内部空间布局不同,但现阶段,中国仍处于快速城镇化的上升阶段,人口向城市的集聚仍是主要趋势。另外,城市的地理和资源禀赋等自然特征对城市收缩存在影响,如一些结构单一的资源型城市、地理环境较差的贫困地区、矛盾和冲突较多的边境地区等,在城镇化发展过程中,由于对较大规模城镇人口提供公共服务的能力较低,上述城市内部均出现大量人口流失的现象。

综上所述,受到国家区域发展政策以及全球化带来产业转型升级这两股力量的影响,中国人口的空间配置发生转变,总体来说有两个大的方向:一方面遵循市场效率原则,国内劳动力的流动趋势自西向东,自乡村向城市;另一方面受到国家区域平衡政策的影响,企业在中西部投资设厂,促进当地就业和人口集聚。这两股力量在某种程度上重塑了 21 世纪中国人口分布的空间格局。总体上看,中国处于城镇化率快速上升阶段,乡村和中小城镇人口不断流失导致局部地区出现城市收缩,同时,不同地区城镇化发展阶段不同,也影响城市内部的收缩形态。

# 第二节　中国城市收缩的影响因素分析

根据上文分析,总体来讲,中国人口迁移受到市场效率和区域政策两种力量的影响。市场力量根据效率原则配置人口等要素和资源,导致劳动力从乡村流向城市、从农业部门流向非农业部门。与市场机制的极化导向不同,中国区域政策体现政府平衡发展意愿,通过资源或政策倾斜引导资本流向,企业在中西部投资设厂,促进当地就业和人口集聚。另外,劳动力迁移决策也受到流出地公共服务水平的影响(夏怡然、陆铭,2015;吴伟平、刘乃全,2016),Desmet 和 Rossi-Hansberg(2013)或将其称为城市的"舒适度"水平。根据以上分析,本节主要从政策、效率及公共服务三个维度考察城市收缩的影响因素。

## 一、模型设计与数据说明

在国内外文献中,很少对城市收缩影响因素进行规范的定量分析。现有相关研究较多地探索什么因素影响了人口流动或城市规模,但也常聚焦于某一特定因素的特殊作用,如公共服务或舒适度(Carlino and Saiz,2008;夏怡然和陆铭,2015)、道路系统(Duranton and Turner,2012)、人力资本(Glaeser and Saiz,2004;项本武等,2012)、教育回报率(邢春冰,2013)等,而没有系统地寻找影响人口流动或城市规模的综合决定因素,甚至会经常出现同一要素的作用在不同文献中研究结论不一致的矛盾。基于上述背景分析,本章在实证模型中并不提前预设某一维度中哪一个具体变量最为重要,而是采取类似数据驱动的方法,对多种类型的解释变量进行检验,囊括城市区位、经济发展、财政收支、对外开放度、公共服务供给等具体指标,甄别中国城市收缩的影响因素。

表 3 - 2 - 1 分类汇总了样本城市发展的相关指标，反映样本观察初期的
发展水平。

表 3 - 2 - 1　变量描述统计

| | 变　　量 | 观测数 | 均　值 | 标准差 | 最小值 | 最大值 |
|---|---|---|---|---|---|---|
| 因变量 | "收缩"哑变量 | 287 | 0.30 | 0.46 | 0 | 1 |
| | "收缩"类型 | 269 | 0.39 | 0.65 | 0 | 2 |
| 政策变量 | "西部"哑变量 | 287 | 0.22 | 0.41 | 0 | 1 |
| | "中部"哑变量 | 287 | 0.38 | 0.49 | 0 | 1 |
| | 财政缺口占 GDP 比重(%) | 287 | 1.13 | 1.33 | —3.31 | 9.06 |
| | 是否有国家级开发区 | 287 | 0.30 | 0.46 | 0 | 1 |
| | 是否省会城市 | 287 | 0.11 | 0.31 | 0 | 1 |
| 效率变量 | 第二产业 GDP 比重(%) | 262 | 43.89 | 11.12 | 16.20 | 89.70 |
| | 第三产业 GDP 比重(%) | 262 | 35.43 | 7.39 | 8.50 | 71.70 |
| | 人均 GDP(元/人) | 262 | 8 262 | 5 957 | 2 495 | 51 284 |
| | 单位面积 GDP(万元/平方千米) | 262 | 468.95 | 879.81 | 11.14 | 8 544.08 |
| | FDI 占 GDP 比重(%) | 262 | 2.59 | 4.49 | 0 | 45.40 |
| 公共服务变量 | 高中及以下人口比重(%) | 278 | 86.54 | 3.22 | 71.56 | 91.11 |
| | 医院数(个) | 262 | 227.62 | 203.57 | 6 | 2 250 |
| | 公共图书馆藏书量(千册) | 262 | 1 434.00 | 4 042.50 | 61 | 55 002 |
| | 剧场、影剧院数(个) | 262 | 27.06 | 41.52 | 1 | 345 |
| 其他控制变量 | 60 岁及以上人口比重(%) | 278 | 11.20 | 2.96 | 2 | 21.10 |
| | 客运总量(万人) | 262 | 5 406.52 | 5 998.37 | 137 | 56 567 |
| | 资源型城市哑变量① | 287 | 0.40 | 0.49 | 0 | 1 |

---

① 资源型城市哑变量数据由《全国资源型城市可持续发展规划(2013—2020 年)》文件整理而得。

## 二、实证与分析

根据前文研究和中国城市发展背景,本节以城市收缩哑变量为被解释变量,建立如下 Probit 模型,识别引起城市收缩的原因。

$$Y = \alpha + \beta X_1 + \gamma X_2 + \delta X_3 + \varepsilon Z + U \tag{1}$$

其中,$Y$ 分别代表城市收缩哑变量或城市类型(Ⅰ类、Ⅱ类、Ⅲ类、Ⅳ类,分类标准详见第二章)哑变量;$X_1$ 代表影响人口流动的政策因素,主要包括区位因素和财政因素;$X_2$ 代表人口流动的市场效率因素,包括产业结构指标、生产率指标、经济规模指标、经济开放程度指标等;$X_3$ 代表当地公共服务水平,包括医疗、教育、文化等指标;$Z$ 代表其他控制变量;$U$ 为随机扰动项。首先检测四类解释变量的方差膨胀因子(VIF),均值为 2.33,最大值为 3.89,即不存在明显的多重共线性[①]。回归结果见表 3-2-2。

表 3-2-2 模型估计结果[②]

| | | (1) | (2) | (3) | (4) | (5) |
|---|---|---|---|---|---|---|
| 政策/区域变量 | 西部城市哑变量 | 0.794 0\*\*\*<br>(3.463 2) | 0.662 6\*\*<br>(2.003 8) | 0.867 6\*\*<br>(2.368 3) | 0.875 0\*\*<br>(2.372 3) | 0.888 1\*\*\*<br>(2.882 4) |
| | 中部城市哑变量 | 0.453 3\*\*<br>(2.330 9) | 0.232 6<br>(0.943 7) | 0.328 7<br>(1.234 5) | 0.481 4\*<br>(1.710 1) | 0.527 7\*\*<br>(2.187 5) |
| | 预算内财政赤字占 GDP 比重 | 0.087 2<br>(1.395 5) | 0.117 8<br>(1.589 9) | 0.186 2\*\*<br>(2.246 3) | 0.189 3\*\*<br>(2.329 1) | 0.156 6\*\*<br>(2.340 6) |
| | 是否建设国家级开发区 | −0.368 5<br>(−1.555 0) | −0.055 2<br>(−0.188 9) | 0.097 7<br>(0.305 9) | 0.144 4<br>(0.424 4) | 0.076 2<br>(0.246 7) |
| | 省会城市哑变量 | −1.285 0\*\*\*<br>(−2.729 2) | −1.066 4\*\*<br>(−1.965 2) | −0.403 5<br>(−0.643 9) | −0.250 5<br>(−0.387 6) | −0.378 5<br>(−0.704 1) |

---

① 一个经验规则是,变量的 VIF 最大值不超过 10,即可认为模型不存在多重共线性。

② 作为非线性模型,Probit 模型的回归系数不能直接解释为边际效益 $\partial Pr(y=1 \mid x)\partial x$,需额外计算,但回归系数的显著性和符号的方向与边际效应一致。因此,考虑到篇幅有限,正文中没有单独报告边际效应大小。

续　表

| | | (1) | (2) | (3) | (4) | (5) |
|---|---|---|---|---|---|---|
| 效率变量 | 第二产业占GDP比重 | | −0.050 6*** (−4.934 5) | −0.021 5* (−1.689 9) | −0.014 7 (−1.124 8) | −0.013 8 (−1.087 1) |
| | 第三产业占GDP比重 | | −0.040 4** (−2.159 7) | −0.022 5 (−1.016 6) | −0.033 3 (−1.427 2) | −0.032 9* (−1.755 5) |
| | 单位面积GDP对数 | | 0.165 9 (1.290 3) | −0.002 7 (−0.017 2) | −0.280 3 (−1.477 7) | −0.230 9 (−1.343 4) |
| | FDI占GDP比重 | | −0.152 7** (−2.319 0) | −0.092 3 (−1.617 9) | −0.110 6* (−1.674 2) | −0.082 5 (−1.256 5) |
| 公共服务变量 | 高中及以下教育程度占比 | | | 0.309 1*** (4.303 9) | 0.296 8*** (4.089 9) | 0.276 5*** (3.642 7) |
| | 医院数对数 | | | 0.228 7 (1.197 4) | −0.019 2 (−0.087 5) | −0.012 1 (−0.056 0) |
| | 公共图书馆藏书量对数 | | | −0.005 7 (−0.028 6) | −0.083 9 (−0.393 7) | −0.105 1 (−0.525 8) |
| 其他控制变量 | 60岁及以上人口比重 | | | | 0.168 9** (2.528 7) | 0.117 9** (2.144 8) |
| | 客运总量对数 | | | | 0.304 6 (1.638 6) | 0.234 0 (1.269 4) |
| | 资源型城市哑变量 | | | | −0.069 7 (−0.274 6) | 0.030 3 (0.128 6) |
| | 常数项 | −0.843 3*** (−4.688 7) | 2.057 3* (1.897 1) | −27.443 7*** (−4.349 0) | −27.604 0*** (−4.316 7) | |
| | 观测值 | 286 | 261 | 254 | 254 | 242 |

注：① * 、** 、*** 分别表示10%、5%、1%显著水平；② 回归结果已进行聚类处理；③ 括号内为t统计量。表3-2-4与表3-2-5同此。

表3-2-2(1)～(4)列，逐一加入政策变量、效率变量、公共服务变量和其他控制变量，因变量为城市收缩虚拟变量，即收缩城市赋值为1，非收缩城市赋值为0。第(5)列为Order Probit模型的回归结果，因变量为城市收缩类型虚拟变量，即Ⅰ类城市赋值为0，Ⅱ类城市赋值为1，Ⅲ类城市赋

值为 2。① 数据显示,影响城市收缩或城市收缩类型的机制较为相似,城市区位、财政收支、教育水平以及老龄化程度是影响城市收缩的重要指标。以第(4)列回归结果为例,具体来讲,与东部城市相比,西部和中部城市更容易收缩,且结果非常稳健,说明样本考察期,劳动力的流动仍以遵循效率原则为主,政府区域平衡政策效果并不明显;预算内财政赤字占 GDP 比重越高,城市的收缩倾向越明显,反映了合理的地方财政收支结构的重要性;以 FDI 占 GDP 比重表示的经济开放程度越高,城市收缩可能性越低,经济开放程度反映了地区市场化程度的高低,市场化程度加深可以创造就业(毛其淋和许家云,2015),吸引人口集聚。再者,城市的公共服务水平状况对城市收缩存在影响:基础教育水平越低,人口流失倾向越明显,且回归系数非常稳健,说明城市教育水平是影响人口迁移的重要因素之一。这一结果与夏怡然和陆铭(2015)发现城市的公共服务,尤其是基础教育水平,显著影响劳动力流向的结论一致。另外,老龄化程度越高,城市收缩越严重,这可能与城市活力有关,老年人需求和消费习惯影响城市生产和消费活力,引发城市收缩。

同时,从模型(1)~(5)回归结果看,反映经济运行效率的第二、三产业占 GDP 比重和单位面积 GDP,以及反映公共服务水平的医院数和公共图书馆藏书量等变量总体上抑制了城市收缩的趋势。另外,省会城市则可能因为其特殊的政治地位而倾向于不收缩。以上城市收缩影响因素的分析,为我们指出了应对城市收缩需要特别关注的重点,下文将针对国际案例中老工业基地普遍收缩的现象,利用中国样本做进一步检验,并分析中国城市收缩现象存在的特殊性。

### 三、经济转型对中国城市收缩的影响——基于老工业基地数据的分析

根据文献中对国际收缩案例的分析,一般认为,国际收缩城市之所以大

---

① Ⅳ类城市由于样本量较少,作删除处理。

量出现的根本原因在于全球背景下，从制造业到服务业的经济转型（杨东峰、殷成志，2013）。因此，国外收缩城市研究案例多为老工业基地，如美国底特律（Hollander and Nemeth，2011）、日本夕张（Martinez-Fernandez et al.，2012），以及法国洛林（Gospodini，2012）等。下文将以中国老工业基地为样本，分析经济转型在中国城市收缩过程中的作用。

（一）事实分析

在中国，老工业基地是计划经济时期，由国家投资建设的门类齐全、相对集中的工业城市（魏后凯等，2010）。由于经济转轨，一些老工业基地呈现结构和技术老化的衰退趋势，于是 2003 年中共中央、国务院决定实施"振兴东北老工业基地"战略，2007 年又将政策延伸到中部老工业基地，表达了国家对老工业基地发展境遇的关注。那么，中国的老工业基地是否与国际案例一样，出现了普遍的收缩现象？还是在国家振兴战略下保持了相对正常的发展轨迹？为回答这一问题，验证经济转型在中国城市收缩过程中的影响，本章进一步分析老工业基地城市[①]的收缩现状（表 3-2-3）。

表 3-2-3　老工业基地城市收缩概况

| 级　　别 | 老工业基地 | 非老工业基地 | 资源型城市 | 非资源型城市 | 既是资源型城市又是老工业基地 |
|---|---|---|---|---|---|
| | 地级市 | 地级市 | 地级/副省级行政区 | 地级/副省级行政区 | 地级市 |
| 总　　数 | 106 | 181 | 126 | 211 | 54 |
| 收缩个数 | 24 | 61 | 36 | 54 | 13 |
| 非收缩个数 | 82 | 120 | 90 | 157 | 41 |

表 3-2-3 的前两列表明，在 106 个老工业基地城市中，有 24 个发生了收缩，占比 22.6%；在 181 个非老工业基地城市中，有 61 个发生了收缩，收

---

① 本章参考王青云（2007）的研究成果界定中国老工业基地城市名单。王青云共识别 109 个老工业基地城市，其中包括 3 个县级市。为保证样本的可对比性，仅保留 106 个地级老工业基地城市，对照样本为 181 个非老工业基地地级市。

缩比例高于老工业基地,为33.7%。进一步地,利用计量软件,以城市收缩虚拟变量为因变量,老工业基地城市虚拟变量为自变量,进行简单回归,系数在10%水平下显著,为−0.32,一定程度上说明,老工业基地的收缩倾向较非老工业基地低。表3-2-3后三列将老工业基地和资源型城市信息进行比对,发现106个老工业基地中,有54个属于资源型城市,而资源型城市的收缩倾向并不显著(表3-2-2),进一步佐证了老工业基地没有出现明显收缩的事实。另外,将老工业基地人口规模与人口增长率关系绘制图3-2-1,显示两者呈正相关关系,即较大规模的老工业基地仍在不断地集聚人口。

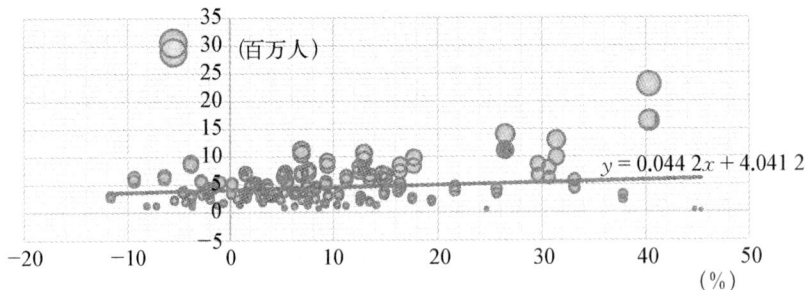

**图 3-2-1  2000 年中国老工业基地城市人口变动率**
注:横轴为人口增长率,纵轴为2000年人口数,气泡大小代表人口规模。

### (二) 实证检验

进一步地,建立如下 Probit 模型,检验老工业基地的收缩倾向。

$$Y = \alpha + \beta_1 Old\_Base + \beta_2 X_1 + \beta_2 X_2 + \beta_3 X_3 + U$$

其中 $Y$ 代表城市收缩哑变量;$Old\_Base$ 为老工业基地哑变量,为核心解释变量;$X_1$ 包括人均 GDP、财政支出比重、FDI 比重等城市相关变量;$X_2$ 包括是否建设国家级开发区、是否为省会城市和区域变量;$X_3$ 则控制了城市医院数、高中及以上教育程度人口比重、客运量等公共服务变量。

表 3-2-4 为相关计量回归结果。回归结果显示,第(1)列老工业基

地哑变量在10%水平上显著为负,即与非老工业基地相比,老工业基地倾向于不收缩。(2)～(4)列,在分别控制了公共服务等变量后,老工业基地哑变量均不显著。因此,得出结论,在样本观测期间,没有足够的证据证明中国老工业基地出现普遍的收缩倾向,这一发现与吴康等(2015)的研究结论一致,即去工业化或产业转型等西方常见的收缩现象在中国并不具有普遍性。

表 3-2-4 老工业基地哑变量回归结果

| | (1) | (2) | (3) | (4) |
|---|---|---|---|---|
| 老工业基地哑变量 | −0.322 9*<br>(−1.940 5) | −0.170 4<br>(−0.836 0) | −0.178 0<br>(−0.866 3) | 0.077 6<br>(0.304 0) |
| 人均 GDP 对数 | | −1.000 5***<br>(−3.858 1) | −0.872 7***<br>(−3.401 5) | −0.135 2<br>(−0.384 8) |
| 单位面积 GDP 对数 | | 0.039 6<br>(0.319 6) | 0.092 7<br>(0.731 4) | −0.337 3*<br>(−1.904 9) |
| FDI 占 GDP 比重 | | −0.126 6**<br>(−2.267 0) | −0.117 4**<br>(−2.120 5) | −0.089 7<br>(−1.479 9) |
| 财政支出占 GDP 比重 | | 0.003 3<br>(0.073 8) | 0.023 8<br>(0.562 9) | 0.111 4**<br>(2.406 8) |
| 西部 | | | 0.291 2<br>(0.959 7) | 0.839 5**<br>(2.323 4) |
| 中部 | | | 0.070 6<br>(0.291 9) | 0.417 6<br>(1.506 2) |
| 是否有国家级开发区 | | | −0.061 0<br>(−0.213 8) | −0.011 4<br>(−0.032 2) |
| 是否省会城市 | | | −1.086 2**<br>(−2.050 9) | −0.347 2<br>(−0.603 7) |
| 高中及以下教育程度占比 | | | | 0.364 4***<br>(4.870 6) |
| 医院数对数 | | | | −0.010 2<br>(−0.044 3) |

| | (1) | (2) | (3) | (4) |
|---|---|---|---|---|
| 公共图书馆藏书量对数 | | | | −0.106 4<br>(−0.504 5) |
| 60 岁及以上人口比重 | | | | 0.165 7***<br>(2.617 1) |
| 客运总量对数 | | | | 0.329 8*<br>(1.730 8) |
| 常数项 | −0.420 6***<br>(−4.364 0) | 8.215 2***<br>(4.360 6) | 6.724 3***<br>(3.399 6) | −34.043 2***<br>(−4.659 8) |
| 样本量 | 286 | 261 | 261 | 254 |

以上事实表明,就中国全国范围内而言,两次普查年间,西方国家普遍存在的老工业基地城市收缩现象在中国并不明显。一方面,这与样本观测期间我国仍处于工业化中后期发展阶段相关(吴康等,2015),总体上第二产业经济比重仍处于上升阶段,去工业化对老工业基地的影响并不明显;另一方面,这或许与中国特殊的政府主导型经济发展模式相关。中国的老工业基地城市是国家投入较多、集中度较高、规模较大的综合性城市,其中包括21 个省会城市,在较长时间内扮演中国经济和社会顶梁柱的角色。虽然以2001 年年底加入 WTO 为标志的全球化催生中国产业结构向服务型经济转型,但综合实力较大的工业城市以其多样化产业支撑为基础,以国家集中式宏观调控为支撑,在"去二存三"式产业结构调整过程中,结构性失业只在较短时间内产生波动,并未引起严重的劳动力流失现象。而且,同期中国国内市场化体制改革过程中逐渐加大对民营经济的开放力度,及时发挥了本地"劳动力蓄水池"作用,使中国老工业基地城市在最有可能发生人口流失的10 年也保持了一定的经济增长活力。

（三）稳健性检验

本节将老工业基地城市变量替换为资源型城市变量,或将资源型城市变量作为老工业基地城市的工具变量，排除可能存在的内生性影响，进行稳健性检验。

　　根据《全国资源型城市可持续发展规划（2013—2020）》中的定义，资源型城市为以本地矿产、森林等资源开采、加工为主导产业的城市，因此资源型城市为外生给定，且与老工业基地高度相关，可以作为稳健性检验的工具。表 3－2－5 第（1）列将关键解释变量更换为资源型城市哑变量，回归结果显示资源型城市并没有出现统计上显著的收缩倾向；第（2）列为将因变量替换为狭义的收缩城市，对老工业基地哑变量进行回归，系数为正且并不显著；第（3）列为狭义的收缩城市对资源型城市哑变量的回归结果；第（4）列为将资源型城市哑变量作为老工业基地工具变量后的回归结果，回归系数亦不显著。以上计量结果表明，表 3－2－4 回归系数较为稳健，即并不存在证据表明，样本观测期间我国老工业基地出现明显的收缩倾向。

表 3－2－5　稳 健 性 检 验

| | **（1）** | **（2）** | **（3）** | **（4）** |
| --- | --- | --- | --- | --- |
| 资源型城市哑变量 | −0.159 4<br>（−0.657 8） | | 0.302 6<br>（1.115 9） | |
| 老工业基地哑变量 | | 0.179 2<br>（0.638 3） | | −0.948 7<br>（−0.735 9） |
| 人均 GDP 对数 | −0.085 4<br>（−0.246 8） | −0.283 2<br>（−0.628 0） | −0.284 2<br>（−0.628 4） | 0.108 1<br>（0.238 9） |
| 单位面积 GDP 对数 | −0.346 1*<br>（−1.919 1） | −0.201 6<br>（−1.080 5） | −0.166 7<br>（−0.953 6） | −0.341 8**<br>（−2.016 4） |
| FDI 占 GDP 比重 | −0.093 6<br>（−1.491 2） | −0.024 6<br>（−0.351 5） | −0.009 5<br>（−0.176 3） | −0.096 5*<br>（−1.698 4） |
| 财政支出占 GDP 比重 | 0.119 6***<br>（2.807 0） | 0.036 6<br>（0.585 5） | 0.049 2<br>（0.852 1） | 0.154 4***<br>（2.585 4） |

|  | (1) | (2) | (3) | (4) |
|---|---|---|---|---|
| 西部 | 0.872 6** <br> (2.407 4) | 0.880 1** <br> (2.503 0) | 0.920 2** <br> (2.475 2) | 0.956 3*** <br> (2.813 1) |
| 中部 | 0.443 8 <br> (1.613 3) | 0.447 4 <br> (1.470 6) | 0.520 9 <br> (1.599 9) | 0.653 3* <br> (1.832 3) |
| 是否有国家级开发区 | −0.057 4 <br> (−0.162 5) | 0.101 5 <br> (0.205 6) | 0.054 0 <br> (0.101 8) | −0.127 0 <br> (−0.355 3) |
| 是否省会城市 | −0.441 7 <br> (−0.750 1) |  |  | −0.553 3 <br> (−0.946 5) |
| 高中及以下教育程度占比 | 0.349 6*** <br> (4.713 2) | 0.255 5*** <br> (2.671 9) | 0.266 3*** <br> (2.806 4) | 0.296 7** <br> (2.036 3) |
| 医院数对数 | 0.008 5 <br> (0.037 7) | −0.045 2 <br> (−0.156 2) | −0.019 5 <br> (−0.066 1) | 0.091 1 <br> (0.340 7) |
| 公共图书馆藏书量对数 | −0.102 9 <br> (−0.482 5) | −0.411 0 <br> (−1.628 0) | −0.363 6 <br> (−1.396 3) | −0.011 8 <br> (−0.052 5) |
| 60 岁及以上人口比重 | 0.159 5** <br> (2.548 1) | 0.037 4 <br> (0.547 9) | 0.042 7 <br> (0.608 5) | 0.154 6** <br> (2.279 5) |
| 客运总量对数 | 0.322 1* <br> (1.716 0) | 0.109 0 <br> (0.528 1) | 0.103 8 <br> (0.493 7) | 0.280 8 <br> (1.437 2) |
| 常数项 | −33.045 7*** <br> (−4.528 3) | −19.595 2** <br> (−2.007 0) | −0.284 2 <br> (−0.628 4) | −30.629 3*** <br> (−2.859 8) |
| 样本量 | 254 | 254 | 254 | 254 |

需要说明的是,上述中国老工业基地总体上没有出现收缩,并不表示局部地区老工业基地也没有发生收缩,如东北老工业基地的人口流失问题引起多位学者关注(于潇,2006;孙平军和丁四保,2011),这也体现在本书第二章收缩城市的识别结果中,即东北地区出现较为明显的收缩现象。另外,以上结论还与样本观测周期相关。本章利用两次人口普查数据(2000 年和2010 年)识别中国的收缩城市,一是为了克服非普查数据中户籍人口应用性不强的问题;二是可以利用乡镇、街道数据剔除行政区划变动对识别结论

的影响。这在一定程度上影响了本章对中国城市收缩最新状态的及时反映。在未来研究中,应突破数据限制,结合中国实际和具体发展阶段,分析中国收缩城市案例发展的规律和特征。

# 第三节　本　章　小　结

本章首先分析了中国城市收缩的特殊背景,发现中国城市收缩是反映效率的市场因素以及反映公平的政策因素共同作用的结果。随后,建立Probit 和 O-Probit 模型,对影响城市收缩的政策变量、效率变量和公共服务变量进行回归,发现位于中国中西部、地方财政收支缺口较大、基础教育水平较低和老龄人口比重较大的城市更容易收缩。而第二、三产业占 GDP比重、经济活动密度,以及城市公共服务水平等变量总体上抑制了城市收缩的趋势。另外,城市的行政级别也对城市收缩有重要影响——省会城市较其他城市更容易集聚人口。

鉴于经济转型对西方国家城市收缩存在重要影响,因此本章基于老工业基地城市,分析经济转型在城市收缩过程中的促进或抑制作用。实证结果发现,在样本观测期间,没有足够的证据证明中国老工业基地普遍出现显著的收缩倾向。这与中国城市 2000—2010 年正处于工业化中后期发展阶段相关,同时老工业基地中多样化的产业构成,以及同期民营经济的发展,也充当了经济转型时期老工业基地可能发生就业震荡的缓冲剂。这体现了样本观测期间中国城市收缩过程中存在的特殊性。

另外,"持续的人口流失"是城市收缩的表面特征,城市收缩可能同时伴随生产效率下降、失业率升高、人力资本存量下降等问题,更加值得关注。Glaeser and Gyourko(2005)发现经济负向冲击造成人口流失,而高技能劳动力在流失人口中比重较高,不同技能劳动力在空间上的集聚将进一步引发空间不均衡。基于本章的研究结论,未来应对城市收缩可以从优化财政收支、提高基础教育水平和解决人口老龄化问题着手,同时应结合微观统计数据,研究与企业生产和居民消费相关的经济发展活力的变化,及时发现城市衰退的趋势,未雨绸缪。

# 第四章
# 中国城市收缩与企业 TFP 水平
## ——基于人口总量和分布的分析[①]

　　《国家新型城镇化规划(2014—2020)》提出要健全功能完备、布局合理的城镇体系,然而以持续的人口流失为核心特征的城市收缩现象在我国局部地区普遍存在,威胁中国城镇体系的健康发展。基于前文研究,中国 287 个地级市中,有 85 个十年人口增长率为负,即出现城市收缩现象,占比 29.62%。人口等要素净流出,不仅降低人力资本数量,同时由于劳动力流动具有选择性(蔡翼飞、张车伟,2012;Combes et al.,2012),劳动年龄人口和高技能劳动力更容易流出,也降低了要素净流出地区的人力资本质量。人力资本数量和质量的双重下降,从生产方面影响当地企业生产效率的提高,从消费方面也造成当地消费市场的萎靡,导致城市投资不足、吸引力下降等问题,从而容易使收缩城市陷入持续的衰退过程中。那么,中国收缩城市的发展现状如何? 是否与国际收缩城市类似,面临令人担忧的发展前景? 本章主要从微观企业生产效率这一视角,将观测样本锁定为生产活动的主体——企业,利用 2000—2007 年中国工业企业数据,准确测量反映企业生产效率的企业全要素生产率(Total Factor Productivity,简称 TFP)的变化,分析中国城市收缩引发城市企业活力下降的可能性。对于厘清城

---

① 本章主要内容发表于《经济学动态》2017 年第 1 期。

镇体系发展过程中的表象、回应对中国收缩城市存在的"担忧情绪"尤为重要,也为中国应对城市收缩、推动城镇体系的健康发展提供了政策着眼点。

# 第一节　城市收缩影响企业生产效率的机制分析

劳动是企业生产过程中重要的投入要素,收缩城市人口持续下降,一方面降低了当地人口和经济活动密度,倾向于降低当地集聚经济发生的可能性,从而降低企业生产效率;另一方面,由于劳动力的流动具有自我选择性,高素质的劳动力更容易流出,因此造成当地人力资本质量下降,不利于当地企业 TFP 的提高。

## 一、集聚经济

人口与经济活动在空间的集中是城市的基本特征(巴顿,1984),拥有较高人口密度和经济活动密度的城市,企业的生产率更高(Rosenthal and Strange, 2001;范剑勇等,2014;陈良文、杨开忠,2008),即产生了集聚经济。Marshall(1890)较早地对这种现象进行研究,并将这种正向相关性归结为空间集聚的外部性,即中间投入品共享、劳动力池和知识外溢,Duranton 和 Puga(2000)进一步将其总结为:共享、匹配和学习。在以中国为案例的研究中,大多数文献以城市人口数量或人口密度作为集聚经济的衡量指标,发现城市集聚程度对不同产业(孙浦阳等,2013;沈能等,2014)以及不同规模企业(余壮雄、杨扬,2014;李晓萍等,2015)存在异质性影响,并随着城市规模的变化而不同(孙晓华、郭玉娇,2013)。虽然并没有文献直接研究人口流失城市生产效率的变化,但从集聚经济产生的基础,以及集聚经济倾向于增进经济规模和生产效率的效果来看,收缩城市劳动力数量下降,将降低集聚经济发生的可能性,继而降低企业 TFP 水平。

表 4 - 1 - 1 分别以人口规模、人口密度、各行业总计人口以及单位面积 GDP 表示人口和经济活动密度,粗略地刻画了城市集聚经济的水平。可知,从人口集聚程度看,2010 年非收缩城市平均总人口规模比收缩城市高 11.11%,人口密度高 27.48%,行业总人口高 9.79%;从经济活动密度看,2010 年非收缩城市单位面积 GDP 比非收缩城市高 244.82%。

表 4 - 1 - 1　2010 年中国收缩城市和非收缩城市集聚经济指标对比

| 城市类型 | 人口规模(万人) | 人口密度(人/平方千米) | 各行业人口总计(万人) | 单位面积 GDP(万元/平方千米) |
|---|---|---|---|---|
| 收缩城市 | 403.14 | 359.01 | 21.83 | 466.74 |
| 非收缩城市 | 447.94 | 457.68 | 23.97 | 1 609.41 |

资料来源:人口规模和各行业人口指标根据 2010 年第六次全国人口普查数据计算,人口密度和单位面积 GDP 根据《中国城市统计年鉴(2011)》数据计算。

## 二、劳动力流动的自我选择性

劳动力流动具有选择性(蔡翼飞、张车伟,2012;Combes et al.,2012),劳动力参与率较高、教育水平较高和更健康的劳动力更容易流出(蔡翼飞、张车伟,2012)。因此,人口持续流出不仅降低了收缩城市的人口数量,同时降低了收缩城市的人力资本质量。大多数文献研究表明,人力资本质量对国家(Romer,1986;Lucas,1988)和区域(任乐,2014;邵琳,2014)的经济增长,以及企业 TFP 的提高(夏良科,2010;李唐等,2016)均存在正向促进作用。因此可以预见,收缩城市人力资本质量的下降将影响当地企业 TFP 的提高。

表 4 - 1 - 2 分别统计了 2010 年劳动人口比重、大专及以上教育程度人口比重、职工平均工资和 60 岁及以上人口比重,分别作为劳动力参与率、劳动力技能,以及劳动力健康程度的刻画指标。可以发现,收缩城市劳动参与

率较低,劳动人口比重较非收缩城市低 2.31 个百分点;以教育程度和收入水平刻画的劳动力技能水平较低,大学专科及以上教育程度人口比重比非收缩城市低 3.37 个百分点,同时非收缩城市职工平均工资比收缩城市高14.07%。另外,收缩城市 60 岁及以上人口比重高出非收缩城市 3.42 个百分点,一定程度上反映了收缩城市劳动力健康水平较低的现状。

表 4-1-2 2010 年中国收缩城市和非收缩城市劳动指标对比

| 城市类型 | 劳动人口比重(%) | 大专及以上教育程度人口比重(%) | 职工平均工资(元) | 60 岁及以上人口比重(%) |
|---|---|---|---|---|
| 收缩城市 | 68.49 | 6.26 | 28 495.23 | 17.99 |
| 非收缩城市 | 70.80 | 9.63 | 32 504.14 | 14.57 |

资料来源:劳动人口比重、大专及以上教育程度人口比重,以及 60 岁及以上人口比重,根据2010 年第六次全国人口普查数据计算;职工平均工资根据《中国城市统计年鉴(2011)》数据计算。

根据上述机制分析,提出假说 1:中国收缩城市企业 TFP 水平较非收缩城市低。这与大多数人口流动或迁移相关研究文献的结论类似,如Glaeser 和 Gyourko(2005)认为,由于房屋具有耐用性,人口净流出导致房价急剧下跌,暗示城市生产率下降;杜小敏、陈建宝(2010)以及阮荣平等(2011)发现人口流动对以中部为主的输出地的人力资本存在负向影响;邹湘江、吴丹(2013)则提出人口净流出地的农村逐渐出现老龄化上升的问题。虽然并没有文献表明人口流失与人口输出地企业 TFP 之间的关系,但人力资本下降和劳动力年龄结构的变化无疑将对企业 TFP 造成负向冲击。下文将利用严格的计量分析方法对假说 1 进行验证。

# 第二节 模型设计与数据说明

## (一) 模型设计与说明

根据前文分析,设定如下计量模型:

$$\text{TFP}_{ij} = \beta_0 + \beta_1 \ Shrink_j + \beta_2 \ X_{ij} + \beta_3 \ Y_j + Indus_i + Area_j + U_{ij}$$

其中,$i$ 代表企业,$j$ 代表城市。$\text{TFP}_{ij}$ 为企业全要素生产率,是企业产出扣除资本、劳动等要素贡献后的"剩余"部分,反映了企业生产中的总体效率;$Shrink_j$ 为城市收缩哑变量,若为 1,代表城市两次人口普查年间人口负增长,否则为 0;$X_{ij}$ 为企业控制变量,包含企业所有制性质、企业资本量、企业资产、是否出口以及企业职工数等;$Y_j$ 为城市控制变量,包含城市人口、GDP、财政、外商投资以及资源型城市和老工业基地哑变量。在具体实证模型中,还将控制企业所属行业固定效应 $Indus_i$,以及东部、中部区域固定效应 $Area_j$;$U_{ij}$ 为随机误差项。

（二）中国收缩城市变量的选取

本章首先选取符合国内研究使用习惯的以地级行政区为空间尺度界定的"收缩城市",研究城市收缩对企业 TFP 的影响。由于数据缺失,本书删除包括盟、自治州和地区在内的行政单元,将样本限定为 287 个地级市中的 85 个收缩城市。表 4－2－1 汇总了 85 个收缩城市的基本统计信息。51 个城市人口增长率处于(－5%, 0)区间,占比 60.00%;34 个城市人口增长率小于－5%,占收缩城市比重 40.00%。不难发现,城市收缩在中国局部地区已普遍存在,应给予充分关注和研究。

表 4－2－1　地级及以上行政单元数据处理结果

|  | 收缩样本 | 人口增长率<br>＜－5% | 人口增长率<br>－5%～0% | 人口增长率<br>－10%～－5% | 人口增长率<br>－15%～－10% | 人口增长率<br>＜－15% |
|---|---|---|---|---|---|---|
| 数量 | 85 | 34 | 51 | 25 | 6 | 3 |
| 比例 | 100% | 40.00% | 60.00% | 29.41% | 7.06% | 3.53% |

资料来源:作者利用 2000 年和 2010 年两次全国人口普查数据计算。

（三）中国企业 TFP 及企业控制变量的选取

Olley 和 Pakes(1996)以及 Levinsohn 和 Petrin(2003)分别利用企业的当期投资和中间投入作为生产率冲击力量的代理变量,发展出估计企业

TFP 的 OP 和 LP 方法。在具体数据处理过程中,由于 LP 方法中使用的中间投入品数据更为容易获得,而 OP 方法估计企业 TFP 较容易损失样本数量,因此本章主要采用 LP 方法估算 2000—2007 年[①]企业 TFP。

测量企业 TFP 的变量以及其他企业层面的控制变量来源于中国工业企业数据库中 2000—2007 年的工业企业数据。参考已有文献的设定,本章选择企业所有权性质、外商直接投资额、资本量、出口状态、以企业总资产计算的企业规模,以及企业雇员人数等作为企业层面的控制变量。另外,根据企业所属行业类别的四位数代码,生成 28 个行业控制变量。同时,考虑到样本观测期间频繁的行政区划调整对收缩城市识别结果造成的影响[②],本章更新了企业 2000—2007 年企业所在地区行政代码的信息[③]。

(四) 城市和区域控制变量的选取

根据前人研究,人口集聚对城市生产效率的影响受到城市变量的干扰,如不同城市规模的产业集聚对生产率存在差异化的影响(孙晓华、郭玉娇,2013)。因此本章在模型中控制了城市人口和经济规模、财政支出、外商投资等指标,数据分别来源于《中国城市统计年鉴(2001)》和《中国城市统计年鉴(2008)》;资源型城市哑变量根据《全国资源型城市可持续发展规划(2013—2020)》整理而得;在老工业基地城市哑变量的获取过程中,参考了王青云(2007)的研究,老工业基地城市共包含 106 个地级城市。另外,本章根据各地级市所在区域不同,设定东部、中部两个区位哑变量。

对四类变量的描述性统计见表 4-2-2 和表 4-2-3。本章主要考察

---

① 企业样本数据年份与中国收缩城市识别年份存在不一致的情况,但由于收缩具有长期持续性(Glaeser and Gyourko, 2005),利用两次人口普查数据识别出的收缩城市可以作为 2007 年收缩城市的代理指标,是在数据可得性限制条件下的次优选择。

② 据统计,2000—2007 年共 3 个地级市与其他副省级或县级行政单元的部分区域进行了合并;11 个地级市与其他地级市之间存在县级行政区划交叉调整。

③ 如,2002 年 12 月 23 日,国务院批准(国函〔2002〕121 号):将原南宁地区管辖的隆安县、马山县、上林县、宾阳县、横县划归南宁市管辖,将 2000 年原属于隆安县、马山县、上林县、宾阳县、横县的企业所在地的行政代码,更新为南宁市行政代码。

在样本观察初期和末期收缩城市与非收缩城市企业 TFP 的差异，因此分两个年份分别对四类变量进行描述性统计。

表 4 - 2 - 2　2000 年四类指标的基本统计信息

| | 观测值 | 均　值 | 标准差 | 最小值 | 最大值 |
|---|---|---|---|---|---|
| **A. 被解释变量** | | | | | |
| TFP(LP 方法) | 118 942 | 6.091 9 | 1.223 1 | −2.366 8 | 11.507 6 |
| TFP(OP 方法) | 118 942 | 3.035 7 | 1.232 0 | −6.531 2 | 9.520 2 |
| TFP(OLS 方法) | 118 942 | 3.374 6 | 1.154 0 | −5.365 4 | 9.149 9 |
| **B. 关键解释变量** | | | | | |
| 城市收缩哑变量 | 118 942 | 0.172 3 | 0.377 6 | 0 | 1 |
| **C. 控制变量-企业** | | | | | |
| 国有企业哑变量 | 118 942 | 0.532 8 | 0.498 9 | 0 | 1 |
| 私营企业哑变量 | 118 942 | 0.286 7 | 0.452 2 | 0 | 1 |
| 外资企业哑变量 | 118 942 | 0.182 6 | 0.386 3 | 0 | 1 |
| 资本量 | 118 942 | 77.834 8 | 301.057 7 | 0.001 8 | 77 770 |
| 企业规模 | 118 942 | 9.649 9 | 1.456 2 | 0.693 9 | 18.035 2 |
| 出口企业哑变量 | 118 942 | 0.278 0 | 0.448 0 | 0 | 1 |
| 企业职工数 | 118 942 | 333.828 | 1 242.732 | 11 | 165 878 |
| **D. 控制变量-城市** | | | | | |
| 人口 | 117 336 | 609.900 6 | 415.540 8 | 15.96 | 3 091.09 |
| GDP 规模 | 117 336 | 9 985 259 | 1.09E+07 | 179 307 | 4.55E+07 |
| 财政支出占 GDP 比重 | 117 336 | 4.615 1 | 3.571 1 | 0.505 6 | 14.216 2 |
| 外商直接投资占 GDP 比重 | 117 336 | 4.623 7 | 4.636 6 | 0 | 45.403 1 |
| 资源型城市哑变量 | 118 942 | 0.164 6 | 0.370 8 | 0 | 1 |
| 老工业城市哑变量 | 118 942 | 0.364 0 | 0.481 1 | 0 | 1 |

注：限于篇幅，行业与区域变量没有列出。
资料来源：作者利用 stata 软件计算。

从企业层面来看,与 2000 年对比,2007 年样本企业数量明显增加,增幅 148.17%;以 LP、OP 和 OLS 方法估计的 2007 年企业 TFP 较 2000 年均有小幅提升,其中 LP 方法计算的企业 TFP 增幅 10.07%。从企业所有制性质看,2007 年私营企业的数量大幅提升,同时国有企业数量明显下降;企业平均资本量增幅 34.44%;与 2000 年相比,企业平均职工数下降 33.42%。从城市层面来看,与 2000 年相比,2007 年城市平均人口规模小幅上升,名义 GDP 和财政支出占比大幅增加。

表 4-2-3    2007 年四类指标的基本统计信息

| | 观测值 | 均　值 | 标准差 | 最小值 | 最大值 |
|---|---|---|---|---|---|
| A. 因变量 | | | | | |
| TFP(LP 方法) | 295 179 | 6.705 6 | 1.130 2 | −1.877 6 | 12.720 3 |
| TFP(OP 方法) | 295 179 | 3.809 0 | 1.062 1 | −6.442 8 | 10.007 4 |
| TFP(OLS 方法) | 295 179 | 4.128 7 | 1.009 4 | −5.344 6 | 9.940 0 |
| B. 关键解释变量 | | | | | |
| 城市收缩哑变量 | 295 179 | 0.167 0 | 0.373 0 | 0 | 1 |
| C. 控制变量-企业 | | | | | |
| 国有企业哑变量 | 295 179 | 0.079 2 | 0.270 1 | 0 | 1 |
| 私营企业哑变量 | 295 179 | 0.715 9 | 0.451 0 | 0 | 1 |
| 外资企业哑变量 | 295 179 | 0.205 4 | 0.404 0 | 0 | 1 |
| 资本量 | 295 179 | 104.644 5 | 296.934 7 | 0.002 1 | 63 177.07 |
| 企业规模 | 295 179 | 9.594 0 | 1.410 8 | 4.217 9 | 18.664 4 |
| 出口企业哑变量 | 295 179 | 0.257 5 | 0.437 3 | 0 | 1 |
| 企业职工数 | 295 179 | 222.258 2 | 883.511 9 | 11 | 159 898 |
| D. 控制变量-城市 | | | | | |
| 人口 | 295 022 | 612.763 4 | 411.733 6 | 18.14 | 3 235.32 |
| GDP 规模 | 295 022 | 2.75E+07 | 2.82E+07 | 618 352 | 1.22E+08 |

|  | 观测值 | 均　值 | 标准差 | 最小值 | 最大值 |
|---|---|---|---|---|---|
| 财政支出占 GDP 比重 | 295 179 | 10.130 2 | 3.723 4 | 4.582 1 | 49.858 2 |
| 外商直接投资占 GDP 比重 | 294 299 | 4.02 | 2.77 | 0 | 11.91 |
| 资源型城市哑变量 | 295 179 | 0.149 7 | 0.356 8 | 0 | 1 |
| 老工业城市哑变量 | 295 179 | 0.315 8 | 0.464 8 | 0 | 1 |

注：限于篇幅，行业与区域变量没有列出。
资料来源：作者利用 stata 软件计算。

## 第三节　中国收缩城市生产率"悖论"
## ——人口流失与"效率增进"

### 一、中国收缩城市的"效率增进"

为了验证收缩城市与非收缩城市企业 TFP 的差异，必须控制样本观察初期两组类型城市的企业 TFP 水平，以排除初始发展禀赋对末期企业 TFP 产生的影响。有两种方案可供选择：第一，将 2007 年企业 TFP 对收缩城市哑变量进行回归，同时控制 2000 年企业 TFP 水平。但这样做必须将样本缩减为 2000—2007 年始终存活的企业个体，这不仅使样本数量急剧下降，而且容易出现样本自选择问题，即存活企业 TFP 水平可能较高，而人为删除了没有存活的企业，对企业整体 TFP 水平造成影响，这种情况下的回归结果将存在严重偏误。第二，保持样本不变，分别观察 2000 年和 2007 年收缩城市和非收缩城市企业 TFP 水平的变化，得出规律性的启示。本章采用第二种方案验证前文提出的假说 1，即验证与非收缩城市相比，收缩城市企业 TFP 水平的高低。

首先根据 2000—2007 年收缩城市和非收缩城市企业 TFP 的变化绘制

图 4-3-1。由图 4-3-1 可见,两组城市企业 TFP 水平逐年提高(2003—2004 年除外[①]),样本观察初期收缩城市企业 TFP 平均水平低于非收缩城市,2004 年两组城市企业 TFP 水平差异缩小,至样本观察末期收缩城市企业 TFP 水平略高于非收缩城市。可见,图 4-3-1 呈现的事实与假说 1 的内容存在较大差距。下文将利用严格的计量方法,控制企业、行业和城市层面的变量后,观察两组类型城市企业 TFP 的差异。

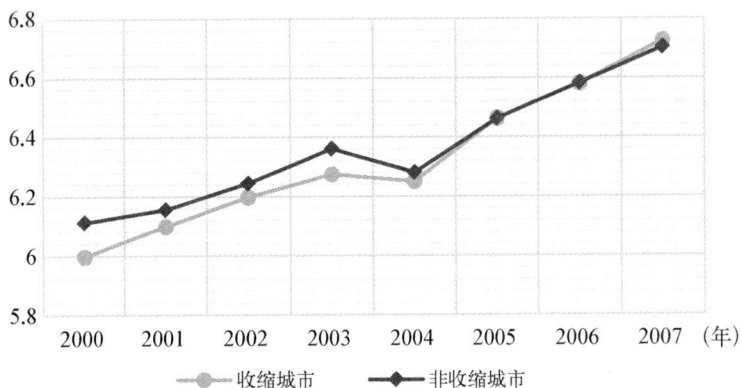

**图 4-3-1  2000—2007 年中国收缩城市、非收缩城市与企业 TFP**

表 4-3-1 为 2000 年企业 TFP 对城市收缩哑变量的回归结果。第(1)列为基本模型回归结果;第(2)列增加控制了企业层面的变量,(3)～(5)列分别增加控制行业变量、区域变量和城市变量。回归结果表明,虽然在基本模型中收缩城市企业 TFP 水平偏低,但控制了企业特征等变量后,2000 年收缩城市企业 TFP 统计意义上显著高于非收缩城市,经济意义上两者差别很小。当同时控制企业变量、行业变量、区域变量和城市变量后,收缩城市的企业 TFP 显著高于非收缩城市 0.128 2,这说明在样本观察初期,一方面,

---

① 这与陆铭、向宽虎(2014)的研究结论一致,即 2003 年之后全国经济效率增速放缓。原文作者认为,2003 年开始的以用地指标限制为代表的区域平衡政策对东部集聚经济造成了损害,导致资源配置效率下降。本章对此不再进行深入讨论,参见:陆铭、向宽虎:《破解效率与平衡的冲突——论中国的区域发展战略》,《经济社会体制比较》2014 年第 4 期。

收缩城市和非收缩城市的企业所有制性质、企业资本量等具有明显差异；另一方面，在排除企业特征、行业特征、城市和区域特征后，收缩城市发展基础并不必然比非收缩城市差，甚至还要优于非收缩城市。

表 4-3-1　2000 年中国收缩城市与非收缩城市间的效率差异

|  | (1) | (2) | (3) | (4) | (5) |
|---|---|---|---|---|---|
| 城市收缩哑变量 | −0.116 3*** <br>(−12.404 9) | 0.036 5*** <br>(4.383 3) | 0.002 4 <br>(0.286 9) | 0.075 6*** <br>(8.909 3) | 0.128 2*** <br>(13.536 9) |
| 国有企业哑变量 |  | 0.024 8 <br>(0.370 5) | 0.028 0 <br>(0.428 3) | 0.024 9 <br>(0.383 0) | 0.019 2 <br>(0.292 4) |
| 私营企业哑变量 |  | 0.299 5*** <br>(4.460 7) | 0.325 4*** <br>(4.952 6) | 0.311 8*** <br>(4.764 9) | 0.263 4*** <br>(3.989 1) |
| 外资企业哑变量 |  | 0.171 7*** <br>(2.576 6) | 0.231 6*** <br>(3.553 3) | 0.208 2*** <br>(3.207 0) | 0.221 8*** <br>(3.382 5) |
| 企业资本量对数 |  | −0.218 2*** <br>(−53.786 5) | −0.245 9*** <br>(−59.256 1) | −0.241 1*** <br>(−58.106 8) | −0.236 9*** <br>(−57.200 5) |
| 企业规模 |  | 0.555 5*** <br>(104.975 8) | 0.587 4*** <br>(107.993 8) | 0.580 7*** <br>(106.453 5) | 0.568 7*** <br>(103.478 5) |
| 出口企业哑变量 |  | 0.085 2*** <br>(12.188 8) | 0.150 1*** <br>(20.967 8) | 0.120 5*** <br>(16.721 4) | 0.108 6*** <br>(15.051 4) |
| 企业职工数对数 |  | −0.075 4*** <br>(−13.821 5) | −0.110 1*** <br>(−19.740 2) | −0.095 4*** <br>(−16.954 7) | −0.085 1*** <br>(−14.974 2) |
| 常数项 | 6.112 0*** <br>(1 568.446 9) | 1.716 0*** <br>(24.022 2) | 1.697 8*** <br>(20.788 1) | 1.299 0*** <br>(15.785 4) | −0.331 5*** <br>(−2.939 5) |
| 行业固定效应 | 否 | 否 | 是 | 是 | 是 |
| 区域固定效应 | 否 | 否 | 否 | 是 | 是 |
| 城市控制变量 | 否 | 否 | 否 | 否 | 是 |
| 样本数 | 118 942 | 118 942 | 118 942 | 118 942 | 117 336 |
| 拟合优度 | 0.001 3 | 0.275 9 | 0.312 1 | 0.319 3 | 0.321 1 |
| F 统计量 | 153.881 4 | 4 630.306 2 | 1 307.649 6 | 1 274.133 0 | 1 099.356 4 |

注：① *、**、*** 分别表示 10％、5％、1％显著性水平；② 回归结果已进行聚类处理；③ 括号内为 t 统计量；④ "是"或"否"代表模型是否控制了行业等固定效应。表 4-3-2、表 4-3-3、表 4-4-3、表 4-4-4 与表 4-4-5 同此。

资料来源：笔者利用 stata 软件计算。表 4-3-2、表 4-3-3、表 4-4-3、表 4-4-4 与表 4-4-5 同此。

表 4 - 3 - 2 为利用 2007 年工业企业数据进行计量回归的结果。与表 4 - 3 - 1 类似，第(1)列为基本模型，(2)～(5)列分别增加控制了企业、行业、区域和城市特征变量。由回归结果，我们发现，在样本考察末期，收缩城市企业 TFP 出现"不降反升"的发展状态：基本模型中，收缩城市企业 TFP 高于非收缩城市约 0.022 2，在增加控制企业、行业、区域和城市等变量后，这一回归系数显著增加，约为 0.12。这与前文假说 1 的结论完全相反，本章将这种现象称为中国收缩城市生产率"悖论"。

表 4 - 3 - 2    2007 年中国收缩城市的"效率增进"

|  | (1) | (2) | (3) | (4) | (5) |
|---|---|---|---|---|---|
| 城市收缩哑变量 | 0.022 2*** (4.115 3) | 0.157 2*** (33.303 9) | 0.138 3*** (29.788 6) | 0.123 6*** (25.419 4) | 0.124 5*** (23.488 7) |
| 国有企业哑变量 |  | 0.101 1 (1.240 8) | 0.127 1* (1.666 1) | 0.125 9* (1.659 3) | 0.139 6* (1.908 6) |
| 私营企业哑变量 |  | 0.166 5** (2.036 5) | 0.233 6*** (3.049 3) | 0.236 9*** (3.109 2) | 0.246 2*** (3.351 3) |
| 外资企业哑变量 |  | 0.074 6 (0.913 8) | 0.168 6** (2.204 8) | 0.182 6** (2.400 1) | 0.237 2*** (3.234 2) |
| 企业资本量对数 |  | −0.083 5*** (−41.808 0) | −0.132 1*** (−65.725 8) | −0.136 4*** (−67.790 6) | −0.155 7*** (−76.977 5) |
| 企业规模 |  | 0.386 1*** (148.175 5) | 0.438 3*** (160.487 6) | 0.443 9*** (162.274 0) | 0.467 7*** (170.120 4) |
| 出口企业哑变量 |  | −0.164 4*** (−38.002 8) | −0.108 4*** (−25.887 0) | −0.094 0*** (−22.303 5) | −0.069 8*** (−16.641 4) |
| 企业职工数对数 |  | 0.171 9*** (58.065 8) | 0.128 8*** (42.628 4) | 0.119 4*** (39.283 5) | 0.096 5*** (31.609 1) |
| 常数项 | 6.701 9*** (2 915.853 0) | 2.393 8*** (28.937 2) | 1.402 7*** (17.285 0) | 1.333 0*** (16.437 6) | 2.700 8*** (31.338 8) |
| 行业固定效应 | 否 | 否 | 是 | 是 | 是 |
| 区域固定效应 | 否 | 否 | 否 | 否 | 是 |

续 表

| | (1) | (2) | (3) | (4) | (5) |
|---|---|---|---|---|---|
| 城市控制变量 | 否 | 否 | 否 | 否 | 是 |
| 样本数 | 295 179 | 295 179 | 295 179 | 295 179 | 294 299 |
| 拟合优度 | 0.000 1 | 0.297 0 | 0.357 8 | 0.360 6 | 0.376 2 |
| F 统计量 | 16.935 7 | 15 107.000 6 | 4 613.764 2 | 4 390.409 7 | 4 026.709 9 |

## 二、稳健性分析

表 4-3-3 利用 OP 和 OLS 方法估算企业 TFP 水平,并对以上回归结果进行稳健性检验。(1)~(4)列均控制了企业变量、行业固定效应、区域固定效应和城市规模等变量,其中第(1)列和第(2)列为利用 2000 年工业企业数据的回归结果,第(3)列和第(4)列为利用 2007 年工业企业数据的回归结果。不难发现,2000 年收缩城市企业 TFP 比非收缩城市有较小优势,2007年依然维持这一优势没有发生明显变化,说明表 4-3-1 和表 4-3-2 的回归结果比较稳健,即实证上并不支持收缩城市企业 TFP 较非收缩城市更低的结论。

表 4-3-3 2000 年和 2007 年中国收缩城市和非收缩城市企业 TFP 差异

| | (1) | (2) | (3) | (4) |
|---|---|---|---|---|
| | 2000 年_OP | 2000 年_OLS | 2007 年_OP | 2007 年_OLS |
| 城市收缩哑变量 | 0.126 2*** <br>(13.165 3) | 0.127 8*** <br>(13.632 1) | 0.121 0*** <br>(22.733 6) | 0.124 0*** <br>(23.321 8) |
| 国有企业哑变量 | 0.004 9 <br>(0.073 7) | 0.036 3 <br>(0.555 9) | 0.167 8** <br>(2.117 5) | 0.163 6** <br>(2.256 4) |
| 私营企业哑变量 | 0.282 2*** <br>(4.183 2) | 0.211 0*** <br>(3.218 7) | 0.320 6*** <br>(4.030 5) | 0.193 4*** <br>(2.655 7) |
| 外资企业哑变量 | 0.267 2*** <br>(3.990 2) | 0.149 1** <br>(2.290 8) | 0.325 1*** <br>(4.093 4) | 0.176 7** <br>(2.431 0) |

续　表

| | (1) | (2) | (3) | (4) |
|---|---|---|---|---|
| | 2000 年_OP | 2000 年_OLS | 2007 年_OP | 2007 年_OLS |
| 企业资本量对数 | −0.415 0\*\*\*<br>(−98.627 9) | −0.328 3\*\*\*<br>(−79.682 4) | −0.327 9\*\*\*<br>(−1.6E+02) | −0.250 0\*\*\*<br>(−1.2E+02) |
| 企业规模 | 0.557 6\*\*\*<br>(100.020 3) | 0.555 0\*\*\*<br>(101.864 7) | 0.454 8\*\*\*<br>(164.304 0) | 0.464 8\*\*\*<br>(168.971 0) |
| 出口企业哑变量 | 0.108 6\*\*\*<br>(14.818 9) | 0.120 3\*\*\*<br>(16.786 7) | −0.072 0\*\*\*<br>(−17.074 7) | −0.061 5\*\*\*<br>(−14.639 2) |
| 企业职工数对数 | −0.561 3\*\*\*<br>(−97.080 9) | −0.549 4\*\*\*<br>(−97.247 5) | −0.364 3\*\*\*<br>(−1.2E+02) | −0.382 5\*\*\*<br>(−1.3E+02) |
| 常数项 | 1.784 5\*\*\*<br>(15.412 0) | −0.490 7\*\*\*<br>(−4.388 4) | 4.655 8\*\*\*<br>(50.580 9) | 2.425 5\*\*\*<br>(28.285 8) |
| 行业固定效应 | 是 | 是 | 是 | 是 |
| 区域固定效应 | 是 | 是 | 是 | 是 |
| 城市控制变量 | 是 | 是 | 是 | 是 |
| 样本数 | 117 336 | 117 336 | 294 299 | 294 299 |
| 拟合优度 | 0.315 1 | 0.256 8 | 0.284 6 | 0.213 8 |
| F 统计量 | 1 130.820 2 | 833.174 1 | 2 376.674 2 | 1 653.954 5 |

　　上文基于集聚经济优势的丧失以及劳动力选择性流动的机制分析,得出收缩城市企业 TFP 水平较低的假设,然而以上计量回归结果表明,这一现象对上文识别的收缩城市来讲,事实也许并非如此。这不禁令我们重新思考上文中基于通用方法、按行政边界所划分的“中国收缩城市”的合理性。中国城市收缩发生在快速城镇化过程中,城市化率从 2000 年的 36.22% 提升至 2010 年的 49.95%,2014 年达到 54.77%①,实现了人口自乡村向城市的大规模转移,形成了中国市场经济体制改革背景下人口在空间中的重新分配。因此,人口总量变化的过程中,同时包含了人口空间分布结构的大规

---

① 数据来源:《中国统计年鉴(2001 年)》和《中国统计年鉴(2015 年)》。

模重组。这种情况下,以人口总量增减识别的中国收缩城市,虽然符合中国通常意义上对城市空间的界定和使用习惯,但忽视了人口空间结构变化,将不能全面地反映"中国收缩城市"的实际发展情况,因此得出人口减少的"中国收缩城市"企业 TFP 下降的结论是不科学的。

基于以上分析,笔者认为,地级市全市层面的人口总量的减少并不必然意味着集聚经济的下降,人口空间分布结构的变化改变了集聚经济发挥作用的方式和地点,同时劳动力选择性流动也与人口空间分布结构产生互相影响。因此,有必要对上文识别的"中国收缩城市"从人口分布结构上做进一步的分析和分类。

## 第四节　"狭义的收缩城市"与对"悖论"的解释

### 一、"狭义的收缩城市"的选取与事实分析

考虑到中国目前绝大多数城市的相关研究和政策制定中,已形成对行政区城市空间范围的使用习惯,因此本书仍持续关注前文所界定的收缩城市,将其称为"广义的收缩城市",可以更为有效地反映全国人口空间分布的全貌。更重要的,本章同时考察在城市实体地域空间范围上界定的收缩城市即"狭义的收缩城市"。结合城市发展的现状、城市行政体制设计和数据的可获得性,本章从市辖区这一空间尺度上界定中国的"狭义的收缩城市":市辖区是城市发展的核心区域,人口密度大,流动人口集中,以市辖区为空间尺度研究人口流失,可以反映城市收缩的严重程度,弥补中国习惯意义上的"城市"空间尺度过大的缺憾,更为精确地刻画中国城市的人口集聚能力在空间上的差异。

经数据处理后,共获得 271 个可用的城市样本,绝大多数(246 个,比重

90.77%)城市的市辖区人口继续增加;在 82 个广义的收缩城市中,有 58 个(比重 70.73%)城市的市辖区仍在集聚人口,另有 24 个(比重 29.27%)城市的市辖区人口在减少。在中国快速城镇化过程中,作为城市发展主体的市辖区人口规模的下降较大程度上意味着城市发展潜力的下降。

为了验证"狭义的收缩城市"与非收缩城市集聚经济效应的优劣,本章用城市人口密度、市辖区人口密度、建成区占市辖区面积比重代表城市的集聚水平,对表 4-1-1 进行扩展(见表 4-4-1)。显然,无论从全市水平上还是市辖区水平上,"狭义的收缩城市"人口密度明显偏低;另外,"狭义的收缩城市"的非农业人口比重偏低,建成区面积占市辖区比重也明显低于非收缩城市。

表 4-4-1  2007 年中国收缩城市集聚经济衡量指标对比

| 城市类型 | 全市人口密度(人/平方千米) | 市辖区人口密度(人/平方千米) | 非农业人口比重(%) | 建成区面积占市辖区比重(%) |
|---|---|---|---|---|
| 广义的收缩城市 | 497.44 | 966.01 | 29.98 | 5.56 |
| 狭义的收缩城市 | 376.22 | 678.32 | 28.88 | 3.65 |
| 非收缩城市 | 725.52 | 1 362.39 | 50.07 | 14.07 |

资料来源:《中国城市统计年鉴(2008)》。

同时,利用统计指标进一步对表 4-1-2 进行扩展(见表 4-4-2),观察"狭义的收缩城市"劳动力素质指标。表 4-4-2 表明,样本考察末期,"狭义的收缩城市"在教育水平、劳动人口比重及老龄化指标方面的发展状况,均劣于广义的收缩城市和非收缩城市。

表 4-4-2  样本观察末期 2010 年中国(广义的和狭义的)
收缩城市和非收缩城市劳动力素质指标

| 城市类型 | 大专及以上教育程度人口比重(%) | 劳动人口比重(%) | 60 岁及以上人口比重(%) |
|---|---|---|---|
| 广义的收缩城市 | 6.26 | 68.49 | 17.99 |
| 狭义的收缩城市 | 5.61 | 68.02 | 18.57 |
| 非收缩城市 | 9.63 | 70.80 | 14.57 |

资料来源:根据 2010 年第六次全国人口普查数据计算。

　　基于以上分析,提出假说 2:"狭义的收缩城市"企业 TFP 水平较非收缩城市低。

## 二、"狭义的收缩城市"的企业 TFP

　　图 4-4-1 在图 4-3-1 的基础上,增添绘制了"狭义的收缩城市"企业 TFP 的变化趋势。图 4-4-1 直观地表明,"狭义的收缩城市"在 2000—2007 年企业 TFP 始终低于非收缩城市,与假说 2 的内容一致。下文将采用严格的计量方法,控制企业性质、规模等变量后,观察"狭义的收缩城市"企业效率及其与非收缩城市的区别。

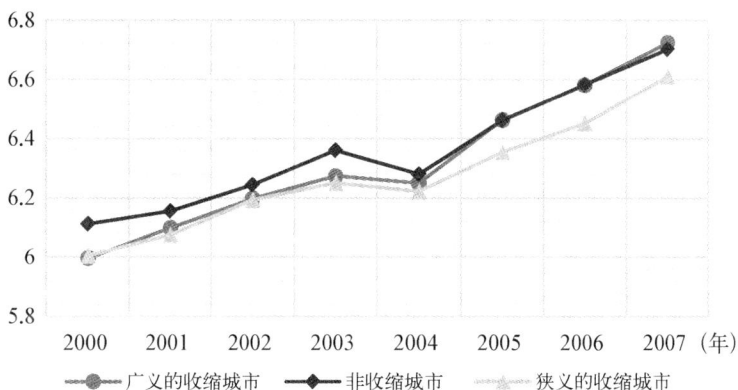

**图 4-4-1　2000—2007 年中国(广义的和狭义的)收缩城市、非收缩城市与企业 TFP**

资料来源:作者绘制。

　　表 4-4-3、表 4-4-4 对假说 2 进行了验证。首先观察 2000 年基期"狭义的收缩城市"与非收缩城市企业 TFP 的差异(表 4-4-3)。第(1)列为基本回归结果,第(2)列控制了企业变量,(3)~(5)列分别增加控制了行业固定效应、区域固定效应和城市控制变量。回归结果显示,虽然基本模型中"狭义的收缩城市"企业 TFP 较低,但在逐一控制了四类变量后,"狭义的收缩城市"企业 TFP 水平上升,说明在排除企业、行业、区域和城市特征对企业 TFP 造成的影响后,"狭义的收缩城市"企业 TFP 较非收缩城市具有较小优势。

表 4-4-3　2000 年中国"狭义的收缩城市"与企业 TFP

| | (1) | (2) | (3) | (4) | (5) |
|---|---|---|---|---|---|
| 狭义的收缩城市 | −0.084 1*** (−3.755 0) | 0.094 1*** (4.522 2) | 0.045 3** (2.239 6) | 0.124 3*** (6.076 3) | 0.173 5*** (8.410 1) |
| 国有企业哑变量 | | 0.043 8 (0.625 4) | 0.041 9 (0.611 2) | 0.039 2 (0.573 7) | 0.030 0 (0.435 0) |
| 私营企业哑变量 | | 0.324 7*** (4.611 6) | 0.343 9*** (4.989 9) | 0.337 8*** (4.919 0) | 0.285 2*** (4.115 4) |
| 外资企业哑变量 | | 0.198 4*** (2.838 9) | 0.254 9*** (3.728 4) | 0.233 5*** (3.426 2) | 0.246 9*** (3.589 3) |
| 企业资本量对数 | | −0.219 8*** (−51.812 7) | −0.247 5*** (−57.063 6) | −0.242 4*** (−55.826 7) | −0.237 9*** (−54.820 9) |
| 企业规模 | | 0.553 2*** (100.153 5) | 0.586 0*** (103.253 1) | 0.578 1*** (101.375 1) | 0.565 9*** (98.136 6) |
| 出口企业哑变量 | | 0.091 5*** (12.416 5) | 0.159 4*** (21.091 9) | 0.132 1*** (17.322 9) | 0.124 1*** (16.239 8) |
| 企业职工数对数 | | −0.067 4*** (−11.817 1) | −0.102 8*** (−17.625 4) | −0.087 5*** (−14.829 8) | −0.077 8*** (−13.039 5) |
| 常数项 | 6.088 1*** (1 602.423 8) | 1.676 1*** (22.382 2) | 1.654 0*** (19.276 1) | 1.614 9*** (18.828 3) | −0.243 1** (−2.159 6) |
| 行业固定效应 | 否 | 否 | 是 | 是 | 是 |
| 区域固定效应 | 否 | 否 | 否 | 是 | 是 |
| 城市控制变量 | 否 | 否 | 否 | 否 | 是 |
| 样本数 | 108 195 | 108 195 | 108 195 | 108 195 | 106 618 |
| 拟合优度 | 0.000 1 | 0.278 1 | 0.314 5 | 0.321 0 | 0.321 6 |
| F 统计量 | 14.099 8 | 4 277.675 8 | 1 201.914 0 | 1 167.306 8 | 999.387 5 |

表 4-4-4 进一步对 2007 年样本考察末期两组城市企业 TFP 的差异进行了检验。第(1)列为基本模型,第(2)列和第(3)列分别增加控制企业变量和行业变量,"狭义的收缩城市"的回归系数出现波动,说明"狭义的收缩

城市"与非收缩城市的企业特征和行业特征存在较大差异；在增加控制区域固定效应和城市变量后，"狭义的收缩城市"的回归系数在 1％水平下显著为负，即"狭义的收缩城市"企业 TFP 较非收缩城市平均降低约 0.03。回归结果表明，"狭义的收缩城市"企业 TFP 由 2000 年具有较小优势，发展为 2007 年具有较小劣势，说明"狭义的收缩城市"的经济发展状况和地位的确出现了某种程度上的降低。

表 4-4-4　2007 年中国"狭义的收缩城市"与企业 TFP

| | (1) | (2) | (3) | (4) | (5) |
|---|---|---|---|---|---|
| 狭义的收缩城市 | −0.094 7 ***<br>(−7.066 2) | 0.053 4 ***<br>(4.633 8) | −0.001 1<br>(−0.094 0) | −0.063 3 ***<br>(−5.519 0) | −0.034 5 ***<br>(−2.914 2) |
| 国有企业哑变量 | | 0.093 1<br>(1.037 4) | 0.137 5<br>(1.624 9) | 0.134 5<br>(1.598 7) | 0.145 2 *<br>(1.805 3) |
| 私营企业哑变量 | | 0.166 5 *<br>(1.848 8) | 0.251 9 ***<br>(2.967 0) | 0.256 1 ***<br>(3.034 2) | 0.259 2 ***<br>(3.212 0) |
| 外资企业哑变量 | | 0.068 0<br>(0.756 4) | 0.182 2 **<br>(2.148 7) | 0.201 1 **<br>(2.386 0) | 0.251 3 ***<br>(3.118 4) |
| 企业资本量对数 | | −0.085 0 ***<br>(−41.131 5) | −0.134 2 ***<br>(−64.530 4) | −0.139 0 ***<br>(−66.775 2) | −0.160 3 ***<br>(−76.568 0) |
| 企业规模 | | 0.386 8 ***<br>(143.491 3) | 0.439 2 ***<br>(155.587 7) | 0.445 5 ***<br>(157.602 9) | 0.472 3 ***<br>(165.778 0) |
| 出口企业哑变量 | | −0.170 7 ***<br>(−38.126 7) | −0.114 3 ***<br>(−26.373 5) | −0.095 5 ***<br>(−21.866 1) | −0.069 9 ***<br>(−16.085 0) |
| 企业职工数对数 | | 0.170 8 ***<br>(55.659 5) | 0.127 5 ***<br>(40.735 8) | 0.115 8 ***<br>(36.755 9) | 0.090 8 ***<br>(28.664 3) |
| 常数项 | 6.704 4 ***<br>(3 066.576 9) | 2.422 7 ***<br>(26.626 4) | 1.409 5 ***<br>(15.790 2) | 1.397 1 ***<br>(15.693 8) | 2.860 3 ***<br>(30.690 2) |
| 行业固定效应 | 否 | 否 | 是 | 是 | 是 |
| 区域固定效应 | 否 | 否 | 否 | 是 | 是 |
| 城市控制变量 | 否 | 否 | 否 | 否 | 是 |

续　表

|  | (1) | (2) | (3) | (4) | (5) |
|---|---|---|---|---|---|
| 样本数 | 273 596 | 273 596 | 273 596 | 273 596 | 272 732 |
| 拟合优度 | 0.000 2 | 0.296 6 | 0.358 5 | 0.361 6 | 0.377 7 |
| F 统计量 | 49.931 2 | 13 966.521 2 | 4 277.932 3 | 4 081.848 6 | 3 747.470 0 |

## 三、稳健性检验

表 4-4-5 利用 OP 和 OLS 方法计算企业 TFP,替代因变量进行稳健性分析。第(1)列和第(2)列为利用 2000 年数据的回归结果,与表 4-4-3 结果类似,"狭义的收缩城市"企业 TFP 具有优势,高于非收缩城市约 0.18;第(3)列和第(4)列为利用 2007 年数据的回归结果,与表 4-4-4 结果类似,"狭义的收缩城市"企业 TFP 低于非收缩城市约 0.03。表 4-4-3 至表 4-4-5 的回归结果验证了上文的假说 2,即"狭义的收缩城市"企业 TFP 较非收缩城市低,且表现为"优转劣"的发展过程。另外,企业其他层面的控制变量回归结果均较为稳健,私营企业和外资企业的 TFP 水平较高;企业规模越大,企业 TFP 越高;企业资本量倾向于对企业 TFP 有负向影响;而 2000 年具有较高 TFP 水平的出口企业,在 2007 年对 TFP 有负向影响。

表 4-4-5　稳健性检验——2000 年和 2007 年
"狭义的收缩城市"与企业 TFP

|  | (1) | (2) | (3) | (4) |
|---|---|---|---|---|
|  | 2000 年_OP | 2000 年_OLS | 2007 年_OP | 2007 年_OLS |
| 狭义的收缩城市 | 0.177 8*** <br> (8.518 9) | 0.180 8*** <br> (8.832 5) | −0.035 4*** <br> (−2.982 5) | −0.034 3*** <br> (−2.878 8) |
| 国有企业哑变量 | 0.018 7 <br> (0.264 9) | 0.049 1 <br> (0.718 0) | 0.189 1** <br> (2.168 3) | 0.174 8** <br> (2.190 4) |

续　表

| | (1) | (2) | (3) | (4) |
|---|---|---|---|---|
| | 2000 年_OP | 2000 年_OLS | 2007 年_OP | 2007 年_OLS |
| 私营企业哑变量 | 0.307 3*** (4.341 8) | 0.233 9*** (3.402 2) | 0.348 7*** (3.983 9) | 0.211 7*** (2.641 8) |
| 外资企业哑变量 | 0.295 7*** (4.208 8) | 0.175 2** (2.567 8) | 0.354 1*** (4.052 1) | 0.196 3** (2.454 4) |
| 企业资本量对数 | −0.416 5*** (−94.508 2) | −0.328 8*** (−76.134 0) | −0.332 7*** (−1.6E+02) | −0.254 7*** (−1.2E+02) |
| 企业规模 | 0.555 0*** (94.950 1) | 0.551 6*** (96.478 2) | 0.459 3*** (160.135 1) | 0.469 5*** (164.654 8) |
| 出口企业哑变量 | 0.124 6*** (16.044 4) | 0.134 9*** (17.773 4) | −0.072 1*** (−16.497 5) | −0.061 3*** (−14.066 4) |
| 企业职工数对数 | −0.554 2*** (−91.340 1) | −0.542 0*** (−91.327 7) | −0.369 8*** (−1.2E+02) | −0.388 7*** (−1.2E+02) |
| 常数项 | 1.862 8*** (16.080 4) | −0.409 3*** (−3.667 3) | 4.771 9*** (47.847 3) | 2.591 2*** (27.916 2) |
| 行业固定效应 | 是 | 是 | 是 | 是 |
| 区域固定效应 | 是 | 是 | 是 | 是 |
| 城市控制变量 | 是 | 是 | 是 | 是 |
| 样本数 | 106 618 | 106 618 | 272 732 | 272 732 |
| 拟合优度 | 0.314 2 | 0.254 4 | 0.289 4 | 0.216 1 |
| F 统计量 | 1 029.749 8 | 746.058 9 | 2 245.237 6 | 1 550.790 4 |

综上所述,我们利用两次人口普查数据,识别出市辖区常住人口持续减少的"狭义的收缩城市",作为关键解释变量。恰如本节事实分析中的数据所描述的,"狭义的收缩城市"人口和经济活动密度,以及人力资本质量较低(表 4-4-1 和表 4-4-2),出现企业 TFP 水平较低的现象(图 4-4-1)。根据严格的实证分析,在控制企业、行业、城市和区域特征后,2007 年"狭义的收缩城市"企业 TFP 低于非收缩城市约 0.03,验证了假说 2。

# 第五节　本　章　小　结

本章创新性地从微观角度,探讨了以人口流失为核心特征的城市收缩对企业生产效率的影响。一般意义上,人口流失意味着集聚经济效应的下降,并通过劳动力流动的自我选择性,降低收缩城市人力资本质量,最终造成收缩城市企业 TFP 的下降。然而,实证研究发现,笼统地以行政区域识别的中国收缩城市的企业 TFP 在基期和末期均高于非收缩城市,幅度为0.13 左右。利用 OP 和 OLS 估计的企业 TFP 替代 LP 方法之后,回归结果依然稳健。本章将这种现象称为中国收缩城市生产率"悖论"。

为了寻找"悖论"的原因,结合中国快速城镇化背景,本章从人口分布结构的层面,以前文提到的"城市实体地域"为空间尺度识别了中国的"狭义的收缩城市"重新分析,具体用市辖区人口流失的收缩城市来表示。市辖区作为中国城市发展的主体,人口和经济活动密度较大,市辖区人口的减少更精确地刻画了集聚经济的下降。实证发现,虽然"狭义的收缩城市"企业 TFP在样本考察初期较非收缩城市高,但是在样本考察末期较非收缩城市低,呈现"优转劣"的发展过程,验证了"狭义的收缩城市企业 TFP 较低"的假说,回应了中国收缩城市生产率"悖论"。

以上研究表明,以我们习惯称谓的"城市"为空间尺度界定的收缩城市的企业 TFP 并没有低于非收缩城市,而"狭义的收缩城市"在企业生产活力上已经出现明显劣势,必须引起重视。这说明,中国的"城市"问题,尤其是以人口迁移为研究主题的"城市"问题,在关注人口总量增减的同时,应结合城市发展实体地域的概念,谨慎审视相关研究结论的适用性。另外,本章研究还发现,"狭义的收缩城市"企业的企业特征、所属行业、区域和城市特征等与非收缩城市具有较大差异,未来相关研究应分行业、分区域对"狭义的收缩城市"企业行为进行深入分析。以上研究表明中国收缩城市与国际案例相比存在特殊性，为应对中国普遍存在的城市收缩现象提供了区域政策的着眼点，对于建设稳定、健康、有序的城镇体系也具有重要启示。

# 第五章
# 中国城市收缩与区域平衡发展
## ——基于 CHFS 劳动力工资数据的分析

随着市场化改革的深入,中国流动人口规模急剧增长,从 1982 年的 657 万人增加至 2010 年的 2.21 亿人(段成荣等,2013)。在人口总量相对稳定的情况下,流动人口向部分城市集聚,同时意味着另外一些城市以劳动力为核心的经济要素的不断流失。根据前文研究,中国 2000—2010 年有 85 个地级市人口增长率为负,占比 29.62%,即出现"城市收缩"的现象。一方面,作为经济活动中最重要的生产要素,劳动力的不断流失将造成当地人力资本数量的下降,降低收缩城市集聚经济发生的可能性;另一方面,由于劳动力的流动具有选择性(蔡翼飞和张车伟,2012;Combes et al.,2012),劳动力流失也将造成当地人力资本质量的下降,导致收缩城市人力资本结构出现劣势。那么,这种由人口流动带来的区域发展的不平衡性,将在何种程度上扩大区域间的收入差距?本章结合中国家庭金融调查(CHFS)数据,观察收缩城市和非收缩城市之间的收入差距,并分别观察劳动力技能结构变化和劳动力数量增减对两类城市间收入差距的影响程度,以回应上述现实问题,为新型城镇化背景下中国城镇体系的健康发展提供政策启示。

现有相关文献较多地关注人口规模变化与劳动力收入水平之间的相关性(范红忠等,2013;高虹,2014),以及劳动力在城乡或省域之间的迁移对收入分配的影响(王卫等,2007;邢春冰,2010),但很少从人口流动导致劳动力技能结构变化的视角研究地区间的收入差距问题。部分学者所研究的劳动力质量对地区经济增长的影响(陈斌开等,2010;钞小静和沈坤荣,2014),对本章的研究有一定的启示作用,但界定地区收入差距的对象大多限定为"城乡""省域"和"东、中、西部三大板块",忽视了以中小城市为主的、广大人口净流出地区也面临人力资本存量下降、可持续发展受到威胁的事实。实际上,近几年中小城市发展迟缓的现状已不容轻视,魏后凯(2014)发现中国非农业人口 20 万人以下的小城市人口增长率(2000—2011 年)为−21.81%,城区人口 20 万人以下的小城市人口增长率(2006—2011 年)为−17.34%;龙瀛等(2015)指出中国 654 个县级及以上城市中,有 180 个发生了人口总量/密度的下降。因此,在新型城镇化背景下,建立"功能完备、布局合理"的城镇体系,除了需要关注传统的"城乡"等类型的区域差距外,还应特别关注人口净流出的中小城市的发展。更重要的是,探究由城市收缩可能造成区域差距扩大的内在机制,才能制订改善现状的更有针对性的措施。

根据《中国流动人口发展报告(2016)》,2015 年中国流动人口规模为 2.47 亿人,那么中国如此大规模的流动人口在空间上的不均匀分布,将如何影响中国地区间的收入差距? 这关系到中国城镇体系的健康发展,也是对以中小城市为主的收缩城市的人力资本发展现状的积极探索。本章结合前文识别的"中国收缩城市",并利用 2011 年和 2013 年中国家庭金融调查数据,观察收缩城市与非收缩城市劳动力平均工资差异,以及产生差异的主要来源。另外,考虑到中国不同区域的城市存在异质性,本章进一步对东部、中部和西部的子样本分别进行回归,考察三大区域内部人口净流出城市和人口净流入城市的收入差距的不同。

# 第一节　模型设计与数据说明

本节从城市收缩的角度分析城市之间劳动力工资差异及差异的来源,

以此为基础设计本节的实证模型。根据前文文献综述,人口流动是非均质的,更健康和更高技能的劳动力更容易流出(蔡翼飞和张车伟,2012),造成人口净流出城市可能出现不断恶化的经济社会状况(Fol,2012),包括形成了城市之间的工资差距,这是本节将要论述和检验的重点。同时本节模型中还需要控制可能影响劳动力工资的其他因素,包括城市地理禀赋(Bleakley and Lin,2012;谢里等,2012)、城市集聚水平(范红忠等,2013)等。

## 一、模型设计

根据以上分析,设定如下计量模型:

$$\ln W_i = \beta_0 + \beta_1 \, Shrinking_i + \beta_2 \, X_{1i} + \beta_3 \, X_{2i} + \beta_4 \, X_{3i} + \beta_5 \, X_{4i} + U_i$$

其中 $i$ 为代表劳动者。$W_i$ 为劳动者 $i$ 的小时工资数;$Shrinking_i$ 代表劳动者所在城市的收缩状态,该变量为1代表城市收缩,否则为0;$X_{1i}$ 反映劳动者性别、婚姻状况、政治面貌等状态;$X_{2i}$ 代表劳动者技能水平,包括受教育程度、潜在工作经验、工作职位、工作行业等变量;$X_{3i}$ 控制了城市所属东部、中部的区域变量,以排除由于区位禀赋差异而带来的工资变化;$X_{4i}$ 为城市人口规模、公路密度、财政支出等变量,以控制不同城市的集聚水平、公共服务、发展阶段对劳动者工资造成的影响。

在逐一控制 $X_{1i}$ 至 $X_{4i}$ 变量后,$\beta_1$ 系数的变化即为本章关注的重点,反映了控制劳动力个人特征和城市禀赋特征后,城市收缩对劳动力工资水平的影响。

## 二、数据说明

由于微观数据中缺乏"狭义的收缩城市"的统计样本,因此本章中收缩城市为"城市行政地域"空间尺度上界定的 2000—2010 年人口增长率为负的城市,即广义的收缩城市。

（一）中国劳动力工资、个人特征等数据

本章使用的劳动力个人工资等微观数据来自西南财经大学 2011 年、2013 年在全国范围内开展的中国家庭金融调查项目（CHFS）。中国家庭金融调查项目收集了家庭资产与负债、收入与支出、保险与保障、家庭人口特征及就业等各方面的信息（甘犁等，2012）。2011 年的样本覆盖了全国 25 个省、80 个县（市、区）、320 个村（居）委会，共获得了 8 400 多户家庭的微观数据；2013 年的样本覆盖了全国 29 个省、262 个县（市、区）、1 048 个村（居）委会，共获得了 2.8 万多户家庭的微观数据。本章合并 2011 年与 2013 年的个人工资数据，并将样本限定为 16～60 岁的男性、16～55 岁的女性，且工资大于 0 的劳动人口。最终获得涵盖 29 个省、166 个城市的 14 995 个有效样本。[①]

（二）城市与区域控制变量

本章控制城市与区域变量以排除可能影响劳动力工资水平的其他因素，数据来源于《中国城市统计年鉴（2011）》。其中，以人口规模控制城市的集聚水平；以财政支出比重、固定资产投资、公路网密度以及万人病床数，控制城市的公共服务水平；以产业结构控制城市的经济结构。同时根据城市所属区位，生成东部和中部两个虚拟变量。

表 5-1-1 为上述三类控制变量的描述性统计。其中，劳动力技能水平、城市特征等变量分为收缩城市和非收缩城市两组分别统计。由表 5-1-1，收缩城市平均工资为 2.33，低于非收缩城市 15.72%，说明两类城市劳动力收入水平已出现明显偏差；同时，相对于非收缩城市，收缩城市拥有较多初中学历的劳动力，而拥有大学学历，尤其是研究生学历的劳动力数量则明显少于非收缩城市；收缩城市劳动力潜在工作经验和工作经验偏高，这或许与收缩城市拥有较多的老龄化人口相关（张学良等，2016）。另外，从表 5-1-1

---

① 需要指出，CHFS 统计了受访者上一年的信息，因此本章实证研究中，实际使用了 2010 年和 2012 年的样本数据。

可以明显观察到,收缩城市劳动力工作职务等级偏低,且与城市特征相关的变量显示,收缩城市大多分布于中国的东部区域,且经济结构以第一产业为主。以上统计信息,直观地显示了收缩城市与非收缩城市在劳动力工资、劳动力技能水平和城市发展特征方面的差异,下文将利用严格的实证检验,分析城市收缩对劳动力工资差异的影响,并量化由劳动力技能差异带来的工资差异的程度。

表 5-1-1 变量描述性统计

| 变量 | 指标名称 | 指 标 涵 义 | 均 值 | | |
|---|---|---|---|---|---|
| | | | 全样本 | 收缩城市 | 非收缩城市 |
| 工资 | 小时工资收入 | 年度实际收入/年度工作时间(元) | 2.616 | 2.326 | 2.760 |
| 关键解释变量 | 收缩城市 | 1 为城市收缩,否则为 0 | 0.173 | 1 | 0 |
| 劳动力个人特征(一) | 性别 | 1 为男性,否则为 0 | 0.560 | 0.639 | 0.592 |
| | 婚姻状态 | 1 为已婚,否则为 0 | 0.915 | 0.949 | 0.908 |
| | 政治面貌 | 1 为中共党员,否则为 0 | 0.212 | 0.202 | 0.214 |
| 劳动力个人特征(二) | 初 中 | 1 为学历是初中,否则为 0 | 0.374 | 0.501 | 0.348 |
| | 高 中 | 1 为学历是高中,否则为 0 | 0.243 | 0.221 | 0.248 |
| | 大 学 | 1 为学历是大学,否则为 0 | 0.339 | 0.257 | 0.356 |
| | 研究生 | 1 为学历是硕士或博士,否则为 0 | 0.027 | 0.002 | 0.032 |
| 劳动力个人特征(三) | 潜在工作经验 | 年龄减去受教育年数,再减 6 | 23.211 | 25.636 | 22.705 |
| | 工作经验 | 当前单位的工作时间 | 11.216 | 12.299 | 10.990 |
| | 工作职务 | 1 为担任领导职务,0 为普通职工 | 0.197 | 0.162 | 0.204 |
| | 第二产业 | 1 为个人从事第二产业,否则为 0 | 0.342 | 0.437 | 0.322 |
| | 第三产业 | 1 为个人从事第三产业,否则为 0 | 0.623 | 0.516 | 0.645 |
| 区位禀赋 | 东部虚拟变量 | 1 为该地区属于东部,否则为 0 | 0.545 | 0.331 | 0.589 |
| | 中部虚拟变量 | 1 为该地区属于中部,否则为 0 | 0.282 | 0.462 | 0.244 |

| 变量 | 指标名称 | 指　标　涵　义 | 均　　值 | | |
| --- | --- | --- | --- | --- | --- |
| | | | 全样本 | 收缩城市 | 非收缩城市 |
| 城市变量 | 财政支出占比 | 财政支出占 GDP 比重 | 16.103 | 18.865 | 15.525 |
| | 固定资产投资占比 | 固定资产投资占 GDP 比重 | 61.929 | 73.825 | 59.444 |
| | 人口规模 | 人口规模对数 | 5.524 | 4.340 | 5.771 |
| | 公路网密度 | 公路里程数/平方千米 | 1.254 | 1.082 | 1.289 |
| | 第一产业占比 | 第一产业产值占 GDP 比重 | 6.977 | 15.780 | 5.135 |
| | 第二产业占比 | 第二产业产值占 GDP 比重 | 46.176 | 48.958 | 45.560 |
| | 万人病床数 | 医疗机构床位数/户籍人口 | 67.730 | 42.002 | 73.107 |

资料来源：作者利用 stata 软件计算。

# 第二节　实证检验与分析

## 一、全样本分析

首先以 166 个城市为样本进行实证分析。表 5-2-1 为中国城市收缩对劳动力工资影响的回归结果。第(1)列为基准回归；第(2)~(4)列分别增加控制了劳动力性别等状态、教育程度、工作经历三个方面的个人特征；第(5)列增加控制了城市产业结构、万人病床数等反映经济发展和公共服务水平的指标。

表 5-2-1　中国城市收缩与劳动力工资差距(全样本)

| | (1) | (2) | (3) | (4) | (5) |
| --- | --- | --- | --- | --- | --- |
| 收缩城市 | −0.330 8 \*\*\* (−14.988 0) | −0.321 3 \*\*\* (−14.615 8) | −0.192 6 \*\*\* (−9.207 1) | −0.198 4 \*\*\* (−9.563 4) | −0.031 7 (−1.346 6) |

续　表

| | (1) | (2) | (3) | (4) | (5) |
|---|---|---|---|---|---|
| 性　别 | | 0.120 2*** (7.092 9) | 0.209 2*** (13.546 5) | 0.184 5*** (12.053 6) | 0.194 1*** (12.875 3) |
| 政治面貌 | | 0.435 6*** (21.517 2) | −0.001 9 (−0.091 8) | −0.050 2** (−2.247 3) | −0.021 1 (−0.972 8) |
| 婚姻状态 | | −0.232 0*** (−7.560 6) | −0.067 4** (−2.394 2) | −0.020 2 (−0.711 6) | 0.006 7 (0.237 7) |
| 初　中 | | | 0.216 4*** (3.633 1) | −0.067 3 (−1.064 3) | −0.095 8 (−1.495 7) |
| 高　中 | | | 0.525 1*** (8.700 8) | 0.096 2 (1.438 7) | 0.046 0 (0.678 9) |
| 大　学 | | | 1.149 7*** (19.147 9) | 0.553 3*** (7.788 5) | 0.474 6*** (6.607 9) |
| 研究生 | | | 1.863 1*** (26.059 4) | 1.243 4*** (15.054 8) | 1.022 3*** (12.307 5) |
| 潜在工作经验 | | | | −0.016 9*** (−14.927 2) | −0.017 7*** (−15.900 1) |
| 工作职务 | | | | 0.355 1*** (15.799 4) | 0.330 4*** (15.012 5) |
| 工作经验 | | | | 0.008 9*** (3.284 1) | 0.012 4*** (4.527 9) |
| 工作经验的平方 | | | | 0.000 1 (1.151 6) | 0.000 0 (0.126 6) |
| 第二产业 | | | | 0.260 3*** (4.800 0) | 0.199 5*** (3.771 9) |
| 第三产业 | | | | 0.164 1*** (3.078 1) | 0.092 1* (1.773 9) |
| 第三产业占比 | | | | | 0.018 9*** (14.309 1) |
| 第二产业占比 | | | | | 0.959 1*** (7.355 6) |

续 表

| | (1) | (2) | (3) | (4) | (5) |
|---|---|---|---|---|---|
| 万人病床数 | | | | | −0.002 3 ***<br>(−6.750 6) |
| 财政支出占比 | | | | | −0.000 9<br>(−1.133 5) |
| 固定资产投资占比 | | | | | −0.001 6 ***<br>(−5.474 8) |
| 常数项 | 2.670 4 ***<br>(277.831 0) | 2.715 4 ***<br>(89.496 8) | 1.934 9 ***<br>(30.170 6) | 2.357 3 ***<br>(27.618 0) | 1.361 6 ***<br>(8.997 0) |
| $N$ | 14 921 | 14 921 | 14 921 | 14 921 | 14 917 |
| $R^2$ | 0.013 8 | 0.049 4 | 0.196 5 | 0.232 5 | 0.255 4 |
| $F$ | 224.641 4 | 219.788 1 | 516.613 5 | 335.791 1 | 274.629 1 |

注：① ＊、＊＊、＊＊＊分别表示 10％、5％、1％显著性水平；② 括号内为 t 统计量。下同。
资料来源：作者利用 stata 软件计算。下同。

第(1)～(4)列的回归系数在 1％水平下显著为负。由第(1)列,可知整体上收缩城市劳动力每小时工资收入低于非收缩城市 33.08％。由第(2)～(4)列,可知劳动力性别等状态变量,以及劳动力工作经历两类个人特征对两类城市工资差异的影响不大,而劳动力教育程度则可以解释两类城市工资差异的 38.91％[①]。进一步地,第(5)列中收缩城市回归系数不显著,说明两类城市工资差异可以完全由劳动力性别等状态变量、教育水平、工作经历等个人特征,以及城市经济社会发展水平来解释,在控制上述变量后,两类城市的劳动力小时工资收入并不存在明显差异。

## 二、分样本分析

考虑到中国东、中、西部三大板块中城市发展程度和阶段可能存在差异,本章将 166 个城市根据所属区块的不同,进行分样本回归。表 5-2-2

---

① 计算方法为：(0.321 3−0.192 6)/0.330 8≈0.389 1。

至表5-2-4分别为利用东部、中部、西部子样本进行回归的计量结果。三类子样本与全样本回归结果类似,整体上收缩城市劳动力小时工资收入低于非收缩城市,在逐一增加控制劳动力性别等状态变量、劳动力教育程度以及劳动力工作经历后,两类城市的劳动力工资差距缩小,在增加控制城市经济结构、公共服务变量后,两类城市劳动力工资收入不存在明显差距。

表5-2-2 中国城市收缩与劳动力工资差距——东部

| | (1) | (2) | (3) | (4) | (5) |
|---|---|---|---|---|---|
| 收缩城市 | −0.442 0 *** (−12.495 8) | −0.419 8 *** (−12.026 9) | −0.190 8 *** (−5.687 4) | −0.207 3 *** (−6.285 1) | 0.025 2 (0.704 7) |
| 劳动力性别等 | 否 | 是 | 是 | 是 | 是 |
| 劳动力教育程度 | 否 | 否 | 是 | 是 | 是 |
| 劳动力工作经历 | 否 | 否 | 否 | 是 | 是 |
| 城市变量 | 否 | 否 | 否 | 否 | 是 |
| 常数项 | 2.793 6 *** (204.532 1) | 2.789 5 *** (66.218 1) | 1.900 7 *** (24.199 0) | 2.260 9 *** (19.464 1) | 0.713 6 ** (2.189 8) |
| $N$ | 7 724 | 7 724 | 7 724 | 7 724 | 7 724 |
| $R^2$ | 0.014 6 | 0.061 5 | 0.233 4 | 0.273 8 | 0.302 4 |
| $F$ | 156.143 8 | 152.935 6 | 363.985 3 | 234.598 4 | 193.555 0 |

注:由于篇幅限制,未将劳动力性别等变量的回归系数一一列出,仅用"是"或"否"代表是否控制相关变量。下同。

同时,对比表5-2-2和表5-2-1,不难发现,东部收缩城市和非收缩城市劳动力小时工资收入差距更大,即东部收缩城市劳动力工资低于非收缩城市44.20%。总体上,劳动力个人特征是造成上述差距的主要原因,控制三类劳动力个人特征后,两类城市劳动力收入差距由0.44下降为0.21,其中劳动力教育程度对上述差距的影响最大,影响幅度为51.81%。

表 5-2-3 中国城市收缩与劳动力工资差距——中部

| | (1) | (2) | (3) | (4) | (5) |
|---|---|---|---|---|---|
| 收缩城市 | −0.122 1*** (−3.684 2) | −0.119 5*** (−3.628 6) | −0.075 8** (−2.379 3) | −0.091 3*** (−2.898 4) | 0.064 2* (−1.806 2) |
| 劳动力性别等 | 否 | 是 | 是 | 是 | 是 |
| 劳动力教育程度 | 否 | 否 | 是 | 是 | 是 |
| 劳动力工作经历 | 否 | 否 | 否 | 是 | 是 |
| 城市变量 | 否 | 否 | 否 | 否 | 是 |
| 常数项 | 2.793 6*** (204.532 1) | 2.789 5*** (66.218 1) | 1.900 7*** (24.199 0) | 2.260 9*** (19.464 1) | 0.713 6** (2.189 8) |
| N | 7 724 | 7 724 | 7 724 | 7 724 | 7 724 |
| $R^2$ | 0.014 6 | 0.061 5 | 0.233 4 | 0.273 8 | 0.302 4 |
| F | 156.143 8 | 152.935 6 | 363.985 3 | 234.598 4 | 193.555 0 |

与东部子样本相比,中部收缩城市与非收缩城市间劳动力工资差距较小,为12.21%。在增加三类劳动力个人特征后,两类城市的工资收入差距缩小为9.13%。其中,控制劳动力性别、婚姻状态、政治面貌以及受教育程度后,收缩城市回归系数绝对值最低,约为0.08。即劳动力教育水平的差异是造成两类城市工资差异的重要因素,可以解释两类城市工资差异的35.79%。另外,在增加控制经济结构、财政收支等城市发展变量后,收缩城市对劳动力工资收入依然存在影响,在10%水平下显著为正,幅度较小为0.06。

表 5-2-4 中国城市收缩与劳动力工资差距——西部

| | (1) | (2) | (3) | (4) | (5) |
|---|---|---|---|---|---|
| 收缩城市 | −0.233 0*** (−4.444 5) | −0.218 5*** (−4.188 0) | −0.096 6** (−2.027 5) | −0.078 2* (−1.689 4) | 0.046 6 (0.879 7) |
| 劳动力性别等 | 否 | 是 | 是 | 是 | 是 |
| 劳动力教育程度 | 否 | 否 | 是 | 是 | 是 |
| 劳动力工作经历 | 否 | 否 | 否 | 是 | 是 |

| | (1) | (2) | (3) | (4) | (5) |
|---|---|---|---|---|---|
| 城市变量 | 否 | 否 | 否 | 否 | 是 |
| 常数项 | 2.605 7 *** (137.330 1) | 2.693 5 *** (46.719 3) | 1.994 4 *** (15.888 2) | 2.340 9 *** (14.866 5) | 1.641 6 *** (5.570 1) |
| $N$ | 3 037 | 3 037 | 3 037 | 3 037 | 3 037 |
| $R^2$ | 0.008 5 | 0.037 0 | 0.194 6 | 0.230 7 | 0.244 6 |
| $F$ | 19.753 2 | 31.982 7 | 101.501 7 | 75.227 5 | 59.809 3 |

与东部子样本的回归结果相比,西部收缩城市和非收缩城市之间劳动力工资差距较小,整体上收缩城市劳动力小时工资低于非收缩城市23.30%,低于全样本状态下的33.08%,以及东部子样本的44.20%,高于中部子样本的12.21%。由表5-2-4第(4)列的回归结果可知,劳动力个人特征总体上解释了两类城市劳动力工资差距的66.44%,其中劳动力教育程度解释了52.32%。在控制城市经济结构等变量后,收缩城市回归系数不显著。

# 第三节　本　章　小　结

本章从人口选择性流失的视角,分析了城市收缩对区域收入差距产生的影响,并利用计量回归结果,甄别造成区域收入差距的重要影响因素。基于国际学者对城市收缩的定义,本章利用前文识别的中国收缩城市数据,结合中国家庭金融调查(CHFS)数据(2011年和2013年)中166个城市的14 995个有效样本,进行实证检验。结果显示,总体上收缩城市和非收缩城市劳动力小时平均工资存在显著差异,即收缩城市劳动力工资比非收缩城市低33.08%。在控制劳动力技能变量后,这一幅度下降为19.84%,即两类城市之间劳动力技能差异是造成工资收入差距的重要因素。其中,劳动力受教育水平,解释了两类工资差异的 38.91％。

　　同时,结合中国收缩城市的空间分布特征,并考虑到中国不同区域中城市发展阶段的差异,本章将样本分为东、中、西部三大板块分别回归。研究发现,不同区域两类城市劳动力工资收入差距程度不一,东部最大为 44.20％,西部次之为 23.30％,中部最小为 12.21％。另外,实证结果发现劳动力受教育程度的差异是造成三大区域中两类城市劳动力工资差异的重要原因:东部劳动力教育水平可以解释两类城市劳动力工资差异的 51.81％,中部为 35.79％,西部为 52.32％。以上研究结果印证了劳动力选择性流动的事实,即高技能劳动力更容易流失,同时也说明收缩城市与非收缩城市之间可能已形成除了"城乡"和"东、中、西部"以外的另一种不可忽视的区域差距类型,必须引起重视。

# 第六章
# 中国城市收缩与城市基本公共服务供给

　　国务院在《"十三五"推进基本公共服务均等化规划》中倡导全体公民公平可及地获得大致均等的基本公共服务,促进机会均等。然而,中国目前局部地区存在以持续的人口流失为核心特征的城市收缩现象,对基本公共服务体系建设目标的顺利实现和空间配置存在不确定的影响。已有不少学者研究表明收缩城市公共服务水平可能出现下降的趋势(Couch and Cocks,2013;Deng and Ma,2015);城市收缩提高了当地住房空置率,且容易引发就业率下降(Reckien and Martinez-Fernandez,2011)等社会问题;同时,根据周恺和钱芳芳(2015)的推断,失业游民在空置住宅中容易滋生犯罪,且人口规模和密度下降导致地方财政萎缩,间接引发城市基础设施维护和服务不可为继的问题,降低城市舒适度(Amenity)水平。与此相反,另有学者指出城市收缩是一把双刃剑,包含"人与社会和谐发展"的机遇(Haase et al.,2014),同时提供了增设公共空间(Frazier et al.,2013;Frazier and Bagchi-Sen,2015)和优化生态环境(Fritsche et al.,2007)的可能性。那么,中国城市收缩对地方基本公共服务供给的总量和空间配置有何影响? 如果有,又是何种机制在起作用? 本章分别从总量和人均意义上回应上述现实问题,找出城市收缩背景下中国基本公共服务供给的主要矛盾,得出中国应对城市收缩、建设可持续基本公共服务体系的政策启示。

　　现有学者多从生产的视角观察城市的增长和效率的提升,而开始于20

世纪 50 年代,于 20 世纪 90 年代逐渐兴起的城市公共服务的相关研究,则是面向消费和生活的。国外学者大多聚焦城市公共服务是如何影响人口迁移(Rodriguez-Pose and Ketterer,2012;Buchet al.,2014)和经济增长的(Ullman,1954;Glaeser et al.,2001;Clark et al.,2002;Rappaport,2007),国内学者也开始关注这部分研究内容(夏怡然和陆铭,2015;侯慧丽,2016;温婷等,2016;梁琦等,2018),部分学者则分析了流动人口公共服务障碍和新问题(刘敏,2019)。以上研究多将城市公共服务作为外生变量,研究公共服务水平对人口迁移决策和城市发展的影响,相较之下,随着人口增减而带来的城市公共服务的内生变化,则鲜有学者涉及(蔡秀云等,2012)。近几年也有少数学者如喻忠磊等(2016)探讨经济发展水平和第三产业发展对城市舒适度的影响,陈妤凡和王开泳(2019)关注撤县(市)设区对城市公共服务配置的作用,上述研究以静态分析为主,仍未涉及人口规模动态变化对当地政府公共产品供给的影响。实际上,中国目前局部地区存在的城市收缩问题已对当地经济社会发展存在不良作用,有学者研究表明,收缩城市的产业结构和人口结构(张学良等,2016)以及企业 TFP 水平(刘玉博等,2017)均劣于非收缩城市。因此,在公共服务供给层面上,也亟须关注城市收缩对当地基本公共服务空间布局和均等化的影响。

　　本章试图从面向消费和生活的城市基本公共服务水平入手,研究城市收缩可能引发的社会问题。具体来讲,本章利用 2000 年和 2010 年人口普查数据中的常住人口增减量,识别中国的收缩城市。同时,参考《“十三五”推进基本公共服务均等化规划》中所列出的公共服务体系框架,甄选包括公共教育、公共医疗等在内的多项指标,利用主成分分析法刻画城市基本公共服务水平。进而在此基础上探讨中国城市收缩导致的城市基本公共服务水平下降的可能性。本章的创新点包括:第一,将城市基本公共服务视为随着城市人口规模变化的内生变量,观察人口流失背景下政府基本公共服务供给的变化。第二,在两种空间尺度上同时考察“市辖区-市域”基本公共服务供给总量和人均基本公共服务水平的增减,分析地方政府在城市收缩背景下基本公共服务供给的空间策略。第三,通过实证研究,提出中国"人口-公共资源"空间错配的两种表现形式:一是市辖区人口流失的事实将刺激地方政府追加基本公共服务投资,而倾向于减少非市辖区的公共产品供给规模,产生空间错配;二是在城市总人口规模下降的情况下,市辖区人口增长的城市基本公共服务供给滞后于人口增长速度,降低人均意义上基本公共服务供给均等化水平。

上述工作对于研究中国城市收缩背景下政府公共服务供给行为,回应基本公共服务均等化的现实关切尤为重要,也为中国应对城市收缩、推动城市公共服务体系的健康发展提供决策参考。

# 第一节 机 制 分 析

城市基本公共服务是城市公共部门向公众提供的一种特殊产品,产品规模取决于产品供给和需求。从供给方来讲,供给主体以政府公共部门为主,供给的规模和空间配置是基于公共服务需求的政府主导行为,但受限于政府税收。从需求方来讲,人口集聚规模和人口结构是决定基本公共服务需求规模的两大主因。

## 一、基本公共服务供给

一方面,公共服务的供给具有典型的规模经济性,收缩城市人口规模下降降低公共产品的使用效率,拉低政府供给公共产品的投资回报率,导致政府供给意愿和供给能力不足。另一方面,公共产品的供给规模很大程度上受限于地方政府税收规模,政府财政压力对公共服务供给具有负向影响(余靖雯等,2018)。根据刘玉博等(2017)研究,市辖区人口减少的城市企业

TFP(Total Factor Productivity)水平显著低于非收缩城市(图 6-1-1),意味着企业成长性下降,长期不利于当地经济发展,导致政府财政微弱从而降低政府提供公共服务的能力。

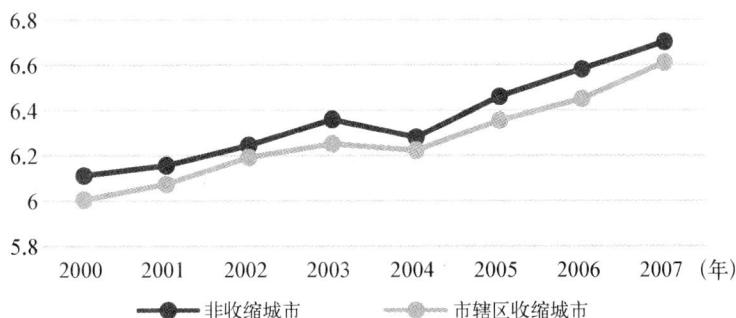

**图 6-1-1　市辖区人口减少的收缩城市、非收缩城市与企业 TFP**
资料来源:根据刘玉博等(2017)整理。

## 二、基本公共服务需求

收缩城市人口持续下降,一方面直接降低了对当地公共服务的需求规模;另一方面由于劳动力流动具有选择性(蔡翼飞和张车伟,2012;Comebes et al.,2012),年轻和高素质人口更容易流出,间接影响当地公共服务产品需求的种类与规模。图 6-1-2 分别绘制了 2010 年第六次全国人口普查非收缩城市与收缩城市人口规模、15~64 岁劳动年龄人口比重和大专及以上教育程度人口比重散点图。数据显示,收缩城市平均人口规模为 403.14 万人,低于非收缩城市 447.94 万人的平均水平;收缩城市 15~64 岁劳动年龄人口比重均值为 68.49%,低于非收缩城市 70.80% 的平均水平;收缩城市大专及以上教育程度人口比重均值为 6.26%,低于非收缩城市 10.37% 的平均水平。而人口年龄结构(宋月萍,2019)和教育结构(Diamond,2016)的变化将改变对当地公共服务的需求偏好。

基于上述分析,本章提出:

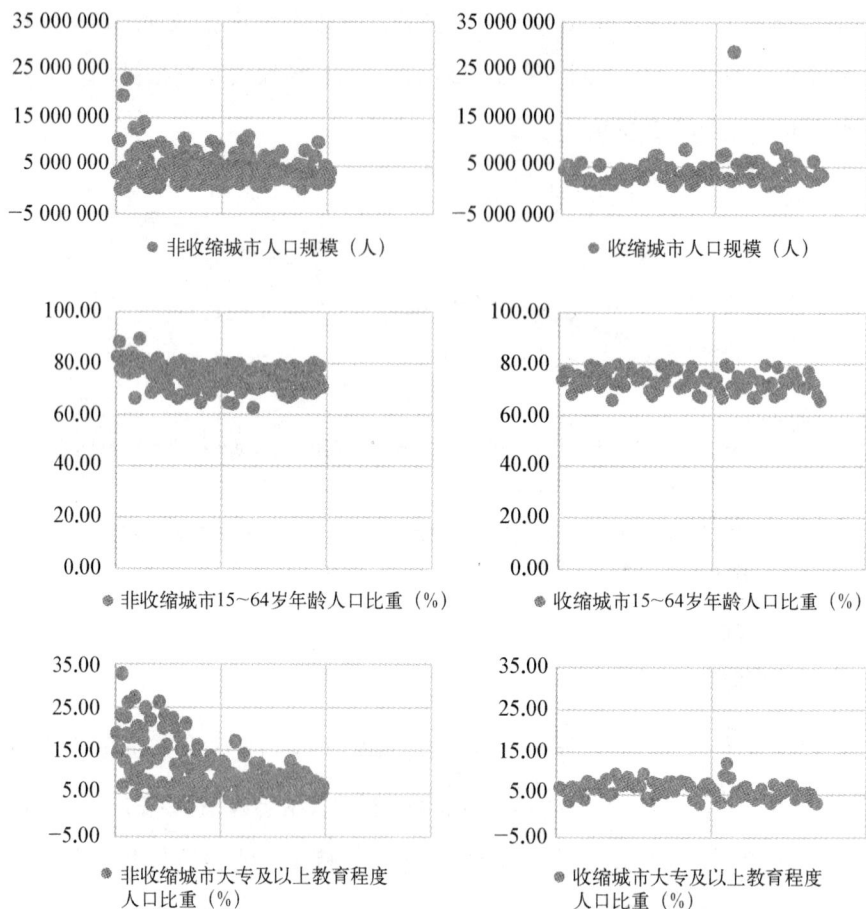

**图6-1-2 非收缩城市和收缩城市人口规模、人口年龄结构和学历结构**

资料来源：作者自绘。

假说1：收缩城市基本公共服务供给总量小于非收缩城市。

同时，考虑到中国城镇化背景下人口向市辖区快速集聚的趋势，导致城市收缩背景下人口空间结构发生重大变化，本章进一步考察收缩城市内部市辖区和非市辖区基本公共服务供给水平的空间差异。[①] 为作区分，与前

---

① 再次重申本章对"市辖区"人口规模增减的关注具有合理性。中国城市收缩发生在快速的城镇化过程中，城镇化率从2000年的36.22%提升至2010年的49.95%，在人口总量增减的同时，人口空间结构发生大规模重组，其中最重要的变化即人口由农村地区向市辖区空间的转移。仅关注全市范围内人口规模增减，不能全面反映"中国城市收缩"的全貌。

文一致,本章将行政区范围内人口持续流失的城市称为广义的收缩城市,将市辖区人口持续流失的城市称为狭义的收缩城市。市辖区是城市发展的核心地区,人口密度大,经济密度高,市辖区人口规模下降更大程度上意味着城市衰退的可能,政府的公共服务供给能力将进一步下降。因此,本章提出:

假说2:市辖区人口减少的收缩城市基本公共服务供给总量的下降将更加显著。

### 三、人均意义上基本公共服务均等化

虽然城市收缩倾向于降低城市基本公共服务供给总量,但城市收缩是把双刃剑,对于个人所能享受到的城市基本公共服务水平的影响可能是双向的。部分学者认为,城市收缩可能带给城市难以企及的生态改善机遇(Fritsche et al.,2007;Haase et al.,2014),提高政府旧房改造和增设公共空间的可能性(Frazier et al.,2013;Frazier and Bagchi-Sen,2015),有利于提高个人住房面积(Couch and Cocks,2013)。基于以上判断,本章用人均基本公共服务水平衡量基本公共服务均等化程度,并提出:

假说3:收缩城市人均基本公共服务水平不会出现明显下降。

# 第二节　模型设定与数据说明

### 一、模型设定

根据前文分析,本章设定如下计量模型:

$$Amenity_{it} = \beta_0 + \beta_1 Shrink_i + \beta_2 X_{it} + \beta_3 Amenity_{i0} + Area_i + U_{it}$$

其中,$Amenity_{it}$ 为 $i$ 城市 $t$ 期基本公共服务供给水平(本章将分别验

证城市收缩对城市基本公共服务供给总量和人均基本公共服务水平的影响）；$Shrink_i$ 为 $i$ 城市收缩哑变量，该变量为 1 代表发生城市收缩现象，否则为 0；$X_i$ 为城市控制变量，包括城市人口、GDP、财政、外商投资及资源型城市和老工业基地哑变量等。另外，本章将控制区域固定效应 $Area_i$；$U_i$ 为随机误差项。

## 二、收缩城市

沿用前文定义，将收缩城市界定为两次普查年间人口增长率为负的城市。使用普查数据的优势在于，一是长时间周期可避免短期外生冲击经济波动对城市人口规模造成的影响；二是人口普查数据中关于人口年龄结构和教育结构的统计，是支撑本章逻辑体系的重要数据；三是城市发展规律具有持续性，尽管普查数据年份相对滞后，但对当前城市治理仍具有重要的启示作用。

## 三、城市基本公共服务水平

本章构建"基本公共服务供给总量"和"人均基本公共服务水平"双指标体系。参考政府文件《"十三五"推进基本公共服务均等化规划》的公共服务体系框架中包含的"基本公共教育""基本劳动就业服务"等八大方面，根据数据可得性，本章构建的"基本公共服务供给总量"指标体系包含 7 个一级指标，17 个二级指标。同理，基于数据可得性，本章构建的"人均基本公共服务水平"指标体系包含 7 个一级指标，12 个二级指标（表 6 - 2 - 1）。在具体操作过程中，采用主成分分析法（PCA）将评价指标降维[1]，得到城市基本公共服务供给总量和人均基本公共服务水平的综合得分。[2]

---

[1] 对负向指标采取倒数处理。

[2] 主成分分析法是用于多指标综合评价的常用方法，将相关性较强的指标重新组合，生成少数几个彼此不相关的新的主成分变量 F1、F2……，使其尽可能多地反映原有变量的信息。最终以筛选出的各主成分方差贡献率为权重，对各主成分数值进行加权平均得到综合指标。

表 6 - 2 - 1　城市基本公共服务供给总量和人均
基本公共服务水平评价指标体系

| 一级指标 | 二级指标 | | 一级指标 | 二级指标 | |
|---|---|---|---|---|---|
| | 总　量 | 人　均 | | 总　量 | 人　均 |
| 公共教育 | 普通中学学校数 | 中学师生比 | 公共文化 | 影剧院数 | 人均公共图书馆藏书 |
| | 小学学校数 | 小学师生比 | | 公共图书馆藏书 | |
| | 普通中学专任教师数 | | 市政建设 | 年末实有铺装道路面积 | 人均铺装道路面积 |
| | 小学专任教师数 | | | 年末实有公共营运汽电车 | 每万人拥有公共汽电车 |
| 劳动就业 | 城镇登记失业人数 | 城镇登记失业率 | 环境保护 | 建成区绿化覆盖率 | 建成区绿化覆盖率 |
| 医疗服务 | 医院数 | 万人医院床位数 | | 园林绿地面积 | 人均园林绿地面积 |
| | 医院床位数 | 万人医生数 | | 公共绿地面积 | 人均公共绿地面积 |
| | 医生数 | | | | |
| 住房保障 | 居住用地面积 | 人均住房面积 | | | |
| | 建成区面积 | | | | |

注：2000 年城市统计年鉴无公共绿地面积指标,统计时作忽略处理。2010 年无建成区面积,以建设用地面积代替。

## 四、城市和区域控制变量

人口流动对城市公共服务供给的影响易受到城市变量的干扰,如人口规模和结构的变化导致公共服务供给出现适应性变化(孟兆敏和吴瑞君,2013)。因此本节在计量模型中控制城市人口规模、经济规模、财政支出、外商投资等城市层面指标,数据分别来源于《中国城市统计年鉴(2001)》和《中国城市统计年鉴(2011)》。同时,考虑到城市禀赋的影响,模型同时控制东、中、西部区域变量、资源型城市哑变量和老工业基地城市哑变量。其中,资源型城市数据由《全国资源型城市可持续发展规划（2013—2020年）》文件整理而得，老工业基地城市数据来源于王青云（2007）的研究，共包含106个地级市。另外，模型控制2000年基期基本公共服务水平，排除存量基础对基本公共服务发展的内生影响。

# 第三节　城市基本公共服务供给 总量与空间差异

## 一、事实分析

根据主成分分析方法的特点，不同年份城市基本公共服务水平的主成分数值的大小不具有可比性，相同年份各城市之间则可以进行横向比较。因此本节主要对比横向年份收缩城市和非收缩城市之间基本公共服务水平的差异，纵向年份则比较各组城市差异的幅度（表6-3-1）。

表6-3-1　城市基本公共服务供给总量

| 范围 | 年份 | 主成分个数 | 主成分方差累积贡献率 | 主成分综合得分 | | | |
| --- | --- | --- | --- | --- | --- | --- | --- |
| | | | | 均值 | （广义的）收缩城市 | （狭义的）收缩城市 | 非收缩城市 |
| 全市 | 2000 | 4 | 0.7547 | 2.78e-10 | -0.0420 | -0.4733 | 0.0163 |
| | 2010 | 4 | 0.8244 | -4.52e-09 | -0.2873 | -0.6794 | 0.1285 |
| 市辖区 | 2000 | 3 | 0.6898 | -2.05e-09 | -0.2208 | -0.4144 | 0.0873 |
| | 2010 | 2 | 0.7295 | 4.40e-09 | -0.5881 | -0.8424 | 0.2612 |

资料来源：利用stata软件计算。

由表6-3-1可知，2000年和2010年广义的收缩城市基本公共服务供给总量明显低于非收缩城市，其中狭义的收缩城市基本公共服务供给总量的综合水平更低，即市辖区人口持续流失的城市基本公共服务供给总量明显偏低。市辖区空间尺度上呈现相同趋势。以上统计数据初步支持假说 1 和假说 2。

## 二、实证检验

表 6 - 3 - 2 为 2010 年城市基本公共服务供给总量对城市收缩哑变量的回归结果。第(1)列为单变量回归,(2)～(4)列分别加入城市控制变量、基期控制变量和区域控制变量。回归结果表明,收缩城市和非收缩城市基本公共服务供给总量出现显著差异,在排除经济总量、工资水平、财政支出等城市因素、基期基本公共服务供给水平和区域因素后,回归系数仍然在 1‰ 水平下显著,说明城市收缩将显著降低末期城市基本公共服务供给总量,即当城市出现收缩现象,全市基本公共服务供给总量显著下降约 0.40,假说 1 成立。

表 6 - 3 - 2 城市收缩与城市基本公共服务供给总量

| | (1) | (2) | (3) | (4) |
|---|---|---|---|---|
| 城市收缩哑变量 | −0.415 8* (−1.857 9) | −0.326 4*** (−5.559 6) | −0.380 5*** (−6.017 6) | −0.400 5*** (−6.353 2) |
| 人口规模 | | 0.003 6*** (17.601 5) | 0.003 0*** (7.175 1) | 0.003 0*** (7.318 6) |
| 经济总量 | | 0.000 0*** (5.178 2) | 0.000 0*** (3.536 8) | 0.000 0*** (3.603 7) |
| 职工平均工资 | | 0.000 0 (0.059 7) | −0.000 0 (−0.007 9) | 0.000 0 (0.303 6) |
| FDI/GDP | | −27.849 9* (−1.905 4) | −25.529 7* (−1.871 0) | −20.948 9 (−1.484 3) |
| 财政支出占 GDP 比重 | | 0.785 3 (1.392 6) | 0.717 0 (1.378 6) | 0.641 3 (1.372 8) |
| 资源型城市哑变量 | | −0.019 1 (−0.342 6) | −0.037 4 (−0.684 8) | −0.053 2 (−0.948 5) |

|  | (1) | (2) | (3) | (4) |
|---|---|---|---|---|
| 老工业基地哑变量 |  | 0.197 5 ***<br>(3.255 4) | 0.111 4<br>(1.553 6) | 0.077 1<br>(1.076 9) |
| 2000 年供给总量 |  |  | 0.291 4<br>(1.651 3) | 0.281 5<br>(1.618 3) |
| 东　部 |  |  |  | −0.166 6 *<br>(−1.964 8) |
| 中　部 |  |  |  | −0.022 4<br>(−0.290 1) |
| 常数项 | 0.128 5<br>(1.073 4) | −2.221 4 ***<br>(−10.000 9) | −1.720 9 ***<br>(−5.108 0) | −1.692 1 ***<br>(−4.774 3) |
| 样本数 | 271 | 259 | 244 | 244 |
| 拟合优度 | 0.013 0 | 0.929 5 | 0.939 1 | 0.940 5 |
| F 统计量 | 3.451 9 | 369.480 6 | 392.913 2 | 302.375 4 |

注：① *、**、***分别表示10％、5％、1％显著性水平；② 回归结果已进行聚类处理；③ 括号内为 t 统计量。表 6－3－3、表 6－3－5、表 6－4－2 和表 6－4－3 同此。

资料来源：作者利用 stata 软件计算。表 6－3－3、表 6－3－5、表 6－4－2 和表 6－4－3 同此。

表 6－3－3 为 2010 年城市基本公共服务供给总量对市辖区收缩哑变量回归的结果，用以检测市辖区人口流失的收缩城市基本公共服务供给总量的变化，验证假说 2。与表 6－3－2 类似，第(1)列为单变量回归，说明市辖区收缩的城市基本公共服务供给总量显著降低。但排除经济总量、财政支出等城市因素的影响后，市辖区收缩的城市基本公共服务供给总量下降0.26，小于表 6－3－2 中的回归系数(0.40)，否定了假说 2。

**表 6－3－3　狭义的城市收缩与城市基本公共服务供给总量**

|  | (1) | (2) | (3) | (4) |
|---|---|---|---|---|
| 市辖区收缩哑变量 | −0.745 1 ***<br>(−3.874 8) | −0.231 3 ***<br>(−3.097 5) | −0.231 7 ***<br>(−3.205 6) | −0.264 0 ***<br>(−3.749 7) |
| 人口规模 |  | 0.003 5 ***<br>(17.542 1) | 0.002 9 ***<br>(6.578 1) | 0.002 9 ***<br>(6.627 9) |

续　表

| | (1) | (2) | (3) | (4) |
|---|---|---|---|---|
| 经济总量 | | 0.000 0 *** (5.549 3) | 0.000 0 *** (3.901 6) | 0.000 0 *** (3.951 7) |
| 职工平均工资 | | −0.000 0 (−0.035 7) | −0.000 0 (−0.191 8) | 0.000 0 (0.034 8) |
| FDI/GDP | | −26.778 1* (−1.814 8) | −25.647 1* (−1.840 1) | −21.792 7 (−1.503 6) |
| 财政支出占 GDP 比重 | | 0.539 5 (1.048 9) | 0.461 9 (0.955 0) | 0.390 0 (0.880 1) |
| 资源型城市哑变量 | | 0.002 4 (0.040 5) | −0.017 0 (−0.290 8) | −0.028 7 (−0.481 4) |
| 老工业基地哑变量 | | 0.222 1 *** (3.510 4) | 0.143 2* (1.856 7) | 0.114 3 (1.486 6) |
| 2000 年供给总量 | | | 0.265 2 (1.390 2) | 0.255 8 (1.347 4) |
| 东　部 | | | | −0.145 1 (−1.618 7) |
| 中　部 | | | | −0.023 3 (−0.283 7) |
| 常数项 | 0.065 7 (0.600 9) | −2.243 1 *** (−10.158 6) | −1.766 6 *** (−4.809 9) | −1.733 1 *** (−4.430 8) |
| 样本数 | 272 | 260 | 244 | 244 |
| 拟合优度 | 0.016 0 | 0.924 4 | 0.932 0 | 0.933 1 |
| F 统计量 | 15.013 8 | 330.153 9 | 351.613 9 | 272.570 2 |

　　理论上,上文基于集聚经济优势的丧失以及劳动力选择性流动的机制分析,以及收缩市辖区企业 TFP 水平真实下降的论据(刘玉博等,2017),得出市辖区人口减少的收缩城市公共产品供给总量下降更加显著的推论(假说 2)。然而以上计量回归结果表明,这一推论并不必然成立,本章将之称为"收缩城市基本公共服务供给之谜"。换种讲法,即市辖区人口下降尽管

总体上拉低全市基本公共服务供给总量,但某种程度上同时会刺激地方政府增加投资,导致基本公共服务供给总量的下降速度降低。

与第四章提到的"收缩城市生产率悖论"类似,"收缩城市基本公共服务供给之谜"出乎意料,然而考虑到市辖区在城市发展中的核心地位,这一结论又在情理之中。市辖区作为城市发展的名片,当市辖区人口规模下降,地方政府将更敏感地受到增加基本公共投资的"刺激",对抗"收缩",尽管不能遏制基本公共服务总量下降的趋势,但将大大减缓这一进程的发生。这种政府在人口流失后追加投资的行为,将不可避免地造成"人口-公共资源"的空间错配,不利于基本公共服务均等化发展。

为佐证这一结论,表6-3-4统计了2000—2010年城市市辖区固定资产投资总量和增长率。尽管狭义的收缩城市人口增长率为−8.38%,但是2000—2010年市辖区固定资产投资增长超过10倍,高于非收缩城市市辖区固定资产投资增长率。因此,作为城市发展的核心地区,尽管市辖区人口下降预示更大的经济社会发展压力,但是由于人口规模下降反而刺激政府增加投资意图扭转乾坤,最终导致这类城市基本公共服务供给总量下降幅度较小。

表6-3-4 收缩城市、非收缩城市人口增长率与
固定资产投资增长率

| 城市类别 | 2000 年 | | 2010 年 | | |
| --- | --- | --- | --- | --- | --- |
| | 人口<br>(万人) | 市辖区固定<br>资产投资<br>(万元) | 人口增<br>长率(%) | 市辖区固定资产<br>投资(万元) | 市辖区<br>固定资产<br>投资增长率 |
| 狭义的收缩城市 | 362 | 148 510 | −8.376 7 | 1 652 688 | 10.128 5 |
| 广义的收缩城市 | 423 | 245 239 | −5.063 4 | 2 739 818 | 10.172 0 |
| 非收缩城市 | 394 | 656 293 | 12.281 0 | 5 927 447 | 8.031 7 |

资料来源:人口数据根据 2000 年和 2010 年两次人口普查年间计算;市辖区固定资产投资数据根据《城市统计年鉴(2001)》和《城市统计年鉴(2011)》计算。

因此,修正假说 2 为：由于市辖区人口减少后刺激政府追击投资,市辖区人口持续流失的城市基本公共服务供给总量下降趋缓。

## 三、进一步讨论

为了探求政府追加投资的空间策略,本节继续讨论城市收缩对市辖区基本公共服务供给总量的影响。表 6-3-5 第(1)和(2)列为市辖区基本公共服务供给总量对城市收缩哑变量的回归结果,在排除城市因素、基期水平和区域固定效应的影响后,城市收缩将显著降低市辖区基本公共服务供给总量(-0.28)。第(3)和第(4)列为市辖区基本公共服务供给总量对市辖区收缩哑变量的回归结果,回归系数在 1% 水平下显著为负(-0.24),绝对值小于第(2)列回归系数-0.28,说明,市辖区人口下降尽管总体上降低了市辖区基本公共服务供给总量,但相对于其他类型的收缩城市,下降速度趋缓,这与表 6-3-2 和表 6-3-3 的实证结论相同,验证了修正后的假说 2。

表 6-3-5　城市收缩与市辖区基本公共服务供给总量

| | **(1)** | **(2)** | **(3)** | **(4)** |
|---|---|---|---|---|
| 收缩哑变量 | -0.278 1*** (-4.264 0) | -0.278 3*** (-4.314 8) | -0.235 3*** (-3.736 4) | -0.238 0*** (-3.848 0) |
| 人口规模 | 0.004 7*** (5.029 4) | 0.004 6*** (4.843 5) | 0.004 5*** (4.968 9) | 0.004 5*** (4.743 8) |
| 经济总量 | 0.000 0*** (3.949 7) | 0.000 0*** (3.930 9) | 0.000 0*** (4.204 3) | 0.000 0*** (4.178 6) |
| 职工平均工资 | 0.000 0 (0.528 7) | 0.000 0 (0.426 1) | 0.000 0 (0.532 5) | 0.000 0 (0.356 1) |
| FDI/GDP | -15.588 4* (-1.847 3) | -15.128 2* (-1.749 7) | -13.878 7 (-1.640 0) | -13.610 6 (-1.558 8) |

续　表

| | (1) | (2) | (3) | (4) |
|---|---|---|---|---|
| 财政支出占 GDP 比重 | 0.516 9<br>(1.061 2) | 0.508 2<br>(0.992 6) | 0.335 9<br>(0.715 1) | 0.337 7<br>(0.681 9) |
| 资源型城市哑变量 | −0.193 0***<br>(−3.085 5) | −0.190 3***<br>(−2.911 5) | −0.170 9***<br>(−2.641 8) | −0.165 8**<br>(−2.471 4) |
| 老工业基地哑变量 | 0.068 1<br>(0.951 7) | 0.067 9<br>(0.980 6) | 0.085 6<br>(1.153 6) | 0.088 5<br>(1.224 8) |
| 2000 年供给总量 | 0.364 4**<br>(2.497 4) | 0.367 9**<br>(2.476 8) | 0.357 7**<br>(2.278 4) | 0.363 2**<br>(2.267 0) |
| 东　部 | | −0.014 0<br>(−0.120 6) | | −0.002 4<br>(−0.020 0) |
| 中　部 | | −0.031 1<br>(−0.345 0) | | −0.039 3<br>(−0.430 0) |
| 常数项 | −1.056 7***<br>(−4.427 2) | −1.015 3***<br>(−3.629 5) | −1.112 7***<br>(−4.371 2) | −1.055 8***<br>(−3.546 0) |
| 样本数 | 234 | 234 | 234 | 234 |
| 拟合优度 | 0.947 6 | 0.947 6 | 0.945 6 | 0.945 6 |
| F 统计量 | 127.067 7 | 104.983 5 | 128.815 6 | 105.456 2 |

## 第四节　城市人均基本公共服务
## 水平与空间差异

### 一、事实描述

从人均基本公共服务水平的角度：表 6 - 4 - 1 中 2000 年和 2010 年全市范围内人均基本公共服务水平明显低于非收缩城市，其中狭义的收缩城市更低。市辖区范围内人均基本公共服务水平呈现相同趋势，即 2000 年非收缩城市市辖区人均基本公共服务水平大于广义的收缩城市,同时大于狭义的收缩城市。假说3还需进行严格的实证检验。

表6-4-1　城市人均基本公共服务水平

| 范围 | 年份 | 主成分个数 | 主成分方差累积贡献率 | 主成分综合得分 | | | |
|---|---|---|---|---|---|---|---|
| | | | | 均　值 | (广义的)收缩城市 | (狭义的)收缩城市 | 非收缩城市 |
| 全市 | 2000 | 4 | 0.635 8 | 2.53e-11 | -0.249 7 | -0.329 0 | 0.096 6 |
| | 2010 | 4 | 0.724 7 | -1.00e-09 | -0.389 7 | -0.469 0 | 0.159 3 |
| 市辖区 | 2000 | 3 | 0.530 3 | 3.20e-10 | -0.190 3 | -0.420 1 | 0.075 3 |
| | 2010 | 3 | 0.633 8 | 1.56e-09 | -0.406 4 | -0.528 4 | 0.166 7 |

资料来源:利用stata软件计算。

## 二、实证检验

表6-4-2第(1)列和第(2)列为城市人均基本公共服务水平对城市收缩哑变量的回归结果,第(3)列和第(4)列为城市人均基本公共服务水平对市辖区收缩哑变量的回归结果。其中,第(2)列和(4)列除了控制城市变量和基期变量外,增加控制了东部和中部区域哑变量。回归结果表明,在排除了经济规模、外资水平、财政支出等因素的影响后,2010年收缩城市人均基本公共服务水平与非收缩城市相比并无统计意义上的显著差异。假说3初步成立。

表6-4-2　城市人均基本公共服务水平对收缩哑变量的回归结果

| | (1) | (2) | (3) | (4) |
|---|---|---|---|---|
| 收缩哑变量 | -0.066 6 (-0.884 5) | -0.039 3 (-0.536 7) | -0.120 0 (-1.079 3) | -0.069 9 (-0.629 6) |
| 人口规模 | -0.000 7*** (-3.749 5) | -0.000 7*** (-3.443 6) | -0.000 8*** (-3.996 9) | -0.000 7*** (-3.617 5) |

| | (1) | (2) | (3) | (4) |
|---|---|---|---|---|
| 经济总量 | 0.000 0*** <br> (3.623 8) | 0.000 0*** <br> (3.438 4) | 0.000 0*** <br> (3.813 5) | 0.000 0*** <br> (3.583 7) |
| 职工平均工资 | −0.000 0 <br> (−0.278 8) | −0.000 0 <br> (−0.308 4) | −0.000 0 <br> (−0.354 8) | −0.000 0 <br> (−0.361 9) |
| FDI/GDP | −12.987 6 <br> (−0.883 5) | −20.631 1 <br> (−1.354 0) | −13.577 7 <br> (−0.926 2) | −20.792 9 <br> (−1.370 1) |
| 财政支出占 GDP 比重 | −0.226 7 <br> (−1.194 9) | −0.097 0 <br> (−0.565 4) | −0.250 9 <br> (−1.307 4) | −0.115 1 <br> (−0.639 0) |
| 资源型城市哑变量 | 0.071 8 <br> (1.100 6) | 0.086 1 <br> (1.343 6) | 0.076 9 <br> (1.198 0) | 0.089 1 <br> (1.416 3) |
| 老工业基地哑变量 | 0.056 0 <br> (0.623 4) | 0.093 9 <br> (1.046 9) | 0.058 0 <br> (0.643 9) | 0.094 6 <br> (1.045 4) |
| 2000 年人均水平 | 0.865 1*** <br> (4.843 7) | 0.874 2*** <br> (4.772 8) | 0.864 0*** <br> (4.877 4) | 0.873 8*** <br> (4.806 5) |
| 东 部 | | 0.231 1*** <br> (2.664 9) | | 0.226 6** <br> (2.544 9) |
| 中 部 | | 0.110 0 <br> (1.383 8) | | 0.105 5 <br> (1.323 0) |
| 常数项 | 0.182 3 <br> (0.699 4) | 0.026 9 <br> (0.095 6) | 0.199 0 <br> (0.768 3) | 0.042 4 <br> (0.152 5) |
| 样本数 | 247 | 247 | 247 | 247 |
| 拟合优度 | 0.693 5 | 0.700 5 | 0.693 9 | 0.700 7 |
| F 统计量 | 29.692 9 | 25.603 2 | 27.819 2 | 24.051 5 |

为揭示城市收缩对人均公共服务水平影响的空间差异,表 6-4-3 列示了市辖区人均基本公共服务水平对城市收缩和市辖区收缩哑变量的回归结果。第(1)和(2)列自变量为全市收缩哑变量,实证结论表明,全市域范围内人口减少将显著降低市辖区人均公共服务水平。为探求这一现象背后的原因,本章将收缩城市进行分类。大多数收缩城市市辖区人口规模持续上

升,共 58 个,比重为 70.73％,小部分收缩城市市辖区人口规模出现下降,共 24 个,比重为 29.27％。结合这一事实,本章继续验证了市辖区人口规模增加的收缩城市对市辖区人均基本公共服务水平的影响。实证结果支持表 6－4－3 结论,即在城市整体收缩的背景下,市辖区人口规模增加的收缩城市显著降低了市辖区人均基本公共服务水平[①],换句话说,市辖区基本公共服务供给总量滞后于人口集聚过程,发生"人口-公共资源"错配,不利于实现人均意义上的基本公共服务均等化。第(3)和(4)列自变量为市辖区收缩哑变量,在控制城市发展基础、基期人均基本公共服务水平和区域变量后,回归结果不显著。

表 6－4－3　市辖区人均公共服务水平对城市收缩哑变量的回归结果

| | (1) | (2) | (3) | (4) |
|---|---|---|---|---|
| 收缩哑变量 | −0.193 4** <br> (−2.481 9) | −0.188 8** <br> (−2.546 4) | −0.129 7 <br> (−1.172 4) | −0.121 1 <br> (−1.118 2) |
| 人口规模 | −0.003 0** <br> (−2.370 1) | −0.003 0** <br> (−2.342 1) | −0.003 2** <br> (−2.523 0) | −0.003 1** <br> (−2.484 1) |
| 经济总量 | 0.000 0** <br> (2.542 6) | 0.000 0** <br> (2.514 9) | 0.000 0*** <br> (2.691 8) | 0.000 0*** <br> (2.653 3) |
| 职工平均工资 | 0.000 0 <br> (0.688 0) | 0.000 0 <br> (0.523 8) | 0.000 0 <br> (0.735 9) | 0.000 0 <br> (0.535 3) |
| FDI/GDP | 10.946 2 <br> (1.045 6) | 10.227 5 <br> (1.068 7) | 12.317 1 <br> (1.148 5) | 11.187 1 <br> (1.147 8) |
| 财政支出占 GDP 比重 | 0.322 9 <br> (0.651 7) | 0.348 2 <br> (0.686 0) | 0.172 2 <br> (0.345 2) | 0.211 3 <br> (0.413 7) |
| 资源型城市哑变量 | −0.083 4 <br> (−1.023 8) | −0.079 4 <br> (−0.983 3) | −0.071 5 <br> (−0.898 5) | −0.066 5 <br> (−0.846 0) |
| 老工业基地哑变量 | 0.164 7** <br> (2.078 9) | 0.174 4* <br> (1.956 2) | 0.177 9** <br> (2.189 6) | 0.191 8** <br> (2.096 7) |

---

① 解释变量回归系数在 5％水平下显著,数值为−0.17。篇幅有限,本章不再列示实证结果。

| | (1) | (2) | (3) | (4) |
|---|---|---|---|---|
| 2000 年人均水平 | 0.490 7*** (2.905 0) | 0.489 9*** (2.769 6) | 0.491 8*** (2.882 0) | 0.490 2*** (2.759 2) |
| 东　部 | | 0.036 9 (0.323 5) | | 0.056 1 (0.478 0) |
| 中　部 | | 0.000 3 (0.002 6) | | 0.004 5 (0.044 5) |
| 常数项 | −0.112 4 (−0.363 6) | −0.110 7 (−0.306 3) | −0.154 4 (−0.504 1) | −0.156 0 (−0.434 9) |
| 样本数 | 241 | 241 | 241 | 241 |
| 拟合优度 | 0.558 9 | 0.559 3 | 0.550 9 | 0.551 6 |
| F 统计量 | 24.684 2 | 22.278 7 | 19.916 9 | 19.198 9 |

　　结合数据统计和实证结果，市辖区收缩的城市与市辖区不收缩的城市之间人均基本公共服务水平存在明显差距，但差距是由两类城市之间经济规模、开放水平、财政支出占比等因素造成的，而没有明显的证据显示，市辖区人口减少显著降低了市辖区人均基本公共服务水平。结合表 6-4-3 的回归结果，假说 3 需调整为：在城市收缩的背景下，政府的公共资源配置能力有限，在市辖区人口规模上升的收缩城市，公共资源配置滞后于人口集聚过程，人均基本公共服务水平将出现显著下降；在市辖区人口规模出现下降的收缩城市，人均基本公共服务水平不会出现明显变化。

# 第五节　本　章　小　结

　　本章创新性地从面向消费和生活的公共服务入手，探讨了以人口流失为核心特征的城市收缩对当地基本公共服务供给和空间配置内生性的影响。一方面,常住人口持续下降降低了对城市基本公共服务的需求;另一方面,常住人口持续下降倾向于降低当地企业生产效率引发财政萎缩,降低政府公共部门对基本公共服务产品的供给能力。实证结果表明,人口持续流失的确减少了当地基本公共服务供给总量,但存在空间差异。市域范围人口规模下降且市辖区人口也在流失的城市,尽管很大程度上预示城市经济发展潜力下降,但基本公共服务供给总量的下降幅度反而相对较小,本章将这种现象称为"收缩城市基本公共服务供给之谜"。

结论出乎意料,然而考虑到市辖区在城市发展中的核心地位,这一结论又在情理之中。地方政府将市辖区作为城市名片,市辖区人口规模下降,会刺激政府增加投资试图扭转乾坤,尽管不能遏制地方基本公共服务供给总量下降的趋势,但会大大减缓这一进程的发生,这是中国城市收缩背景下"人口-公共资源"空间错配的现实表征之一。

同时,本章基于"城市收缩是一把双刃剑"的相关研究和结论,实证检验了城市收缩对人均意义上基本公共服务均等化的影响。结论表明,城市收缩对人均基本公共服务水平的影响也存在空间差异:城市收缩但市辖区人口持续增长的城市,市辖区基本公共服务供给滞后于人口集聚,导致市辖区人均基本公共服务水平显著下降,这是中国城市收缩背景下"人口-公共资源"空间错配的现实表征之二;而城市收缩且市辖区人口也在流失的城市,市辖区人均基本公共服务水平没有显著变化。

# 第七章
# 典型区域案例：武汉城市圈
# 城市收缩的空间特征分析[①]

  2004年中央经济工作会议提出"中部崛起"战略，催生中部地区六大城市群，其中武汉城市圈在长江经济带中上游和湖北省具有龙头领跑作用。根据《武汉城市圈总体规划纲要（2007—2020）》，武汉城市圈包括6个地级市（武汉市、黄石市、鄂州市、孝感市、黄冈市和咸宁市）和3个省直管县级市（仙桃市、潜江市和天门市），其人口规模、经济总量、财政收支、对外开放度等主要发展指标在湖北省均占较大比重（表7-0-1），地位显赫。

表7-0-1　武汉城市圈主要发展指标统计数据

| | 年末人口<br>（万人） | GDP<br>（亿元） | 建成区面积<br>（平方千米） | 财政收入<br>（亿元） | 财政支出<br>（亿元） | FDI<br>（万美元） |
|---|---|---|---|---|---|---|
| 武汉城市圈 | 2 772 | 14 268 | 863 | 1 741 | 1 182 | 655 358 |
| 湖北省 | 5 334 | 24 180 | 1 416 | 2 094 | 1 754 | 797 594 |
| 武汉城市圈比重 | 51.98% | 59.01% | 60.95% | 83.13% | 67.36% | 82.17% |

  资料来源：《中国城市统计年鉴（2014）》[②]。

  然而，武汉城市圈在两次人口普查年间，以劳动力为核心的经济要素普遍流失，城市未来发展潜力或许面临动力不足的危机。人口等要素净流出可能

---

①　本章主要内容发表于《规划师》2017年第1期。
②　《中国城市统计年鉴（2014）》忽略统计了仙桃市、天门市和潜江市相关数据。

预示城市可持续性发展受到威胁，如就业率下降（Reckien and Martinez-Fernandez，2011）、人力资本存量降低（Anja，2016）、劳动力优势丧失[①]，以及出现与"空心村"现象相关的土地资源浪费、生态环境破坏等（姜绍静和罗泮，2014），预示城市衰败轨迹。

目前学者对武汉城市圈人口流动或分布的相关研究，多集中在圈内人口空间分布格局（梁辉和岳彩娟，2011），人口与资源环境等多要素耦合发展（梁辉等，2013；张贞冰等，2014；周琰和张安录，2015），或武汉市人口土地空间结构（严梅福，2011；余瑞林等，2012；朱丽霞等，2014；单卓然等，2015；刘和涛等，2015），以及武汉作为核心城市的辐射能力（方大春和孙明月，2015）等领域。综合来看，目前学者对武汉城市圈以人口流失为核心特征的城市收缩现象关注甚少，对城市收缩可能隐藏的发展危机也着墨不多。

基于前文研究，本章利用我国第五次（2000 年）和第六次（2010 年）全国人口普查数据，对武汉城市圈收缩现状进行分析。第一节为数据说明；第二节分别从 9 市和县市（区）两个空间维度，识别武汉城市圈收缩形态和空间结构，并建立蔓延指数，对武汉城市圈内收缩状态下的土地利用状况进行评价；第三节以收缩较为严重的黄冈市为例，分析武汉城市圈城市收缩的机制、表现，以及现有城市发展规划的应对状态；最后总结全文，并提出应对城市收缩的可能的政策方案。

# 第一节　武汉城市圈城市收缩的界定和识别

本节分别从广义的收缩城市和狭义的收缩城市两个维度，界定和分析中国武汉城市圈的城市收缩现象。

---

① 张展新：《10 多个省份人口流失数量超过 200 万》，人民网－人民日报，http://xj.people.com.cn/ n/2015/0710/c188531－25534454.html，2015 年 7 月。

## 一、数据来源及说明

2000 年和 2010 年人口普查数据显示,2010 年武汉城市圈整体上包含 9 市(6 个地级市,3 个省直辖县级市),48 个县市(区)。与 2000 年相比,武汉城市圈城镇人口数量上升 16.92%,而总人口规模下降 1.48%(表 7-1-1),说明武汉城市圈仍处于快速城镇化过程中,但武汉城市圈作为中部崛起的首位城市圈和重要战略支点,总人口规模的下降意味着城市圈对外来人口的集聚能力减弱。

表 7-1-1 武汉城市圈人口规模及占比

| | 2000 年(人) | | 2010 年(人) | |
|---|---|---|---|---|
| | 总人口 | 城镇人口 | 总人口 | 城镇人口 |
| 武汉城市圈 | 30 695 969 | 14 148 524 | 30 242 843 | 16 542 897 |
| 占比湖北省 | 51.58% | 58.73% | 52.84% | 58.16% |
| 增长率 | / | / | −1.48% | 16.92% |

资料来源:第五次(2000 年)和第六次(2010 年)人口普查数据。

另外,为避免城市收缩识别误差,我们核查了 2000—2010 年圈内各城市行政区划变动情况。其中,2001 年黄石市石灰窑区更名为西塞山区[1];2009 年武汉市武昌区、青山区和洪山区出现内部区划调整[2]。两市的区划变动将微弱地影响武汉市江南三区的收缩形态的判断。鉴于村(社区)空间尺度数据的缺失,为保证样本完整性,本章仍以武汉市三区原人口规模等数据识别城市收缩现状。

---

[1] 《民政部关于湖北省黄石市石灰窑区更名为西塞山区的批复》(民发〔2001〕301 号,2001 年 10 月 12 日),文中数据处理过程中已做调整。

[2] 以洪山区为例,共涉及 39 个村(社区)的调整。洪山区划出共 28 个村(社区)至武昌区和青山区,其中城南等 3 个社区和向阳等 21 个村全部划出;南湖等 4 个社区部分划出;划入 11 个社区,其中自建村等 8 个社区全部划入,岳家嘴等 4 个社区部分划入,调整后洪山区土地面积减少约 28.8 平方千米,人口减少约 0.28 万人。

## 二、武汉城市圈城市收缩识别

本章计算了两次人口普查年间，武汉城市圈 9 市中，全市和市辖区/街道范围的人口增长率，识别了武汉城市圈广义的和狭义的收缩城市，并分别统计了各行政单元收缩县(市、区)和非收缩县市(区)个数，见表 7 - 1 - 2。可以看出，构成武汉城市圈 9 市中，仅武汉市和鄂州市人口增长率为正，其余 7 市均出现城市收缩现象。其中，仙桃市收缩最严重，人口增长率为 —20.28％。从狭义的收缩城市的角度，黄冈市、咸宁市和潜江市的市辖区或街道范围人口规模均出现不同程度的下降。作为城市发展的核心区域，市辖区或街道范围人口的减少意味着城市较弱的要素聚集能力，未来发展面临较大的衰退的可能性。另外，在构成武汉城市圈的 48 个县市(区)中，有 31 个出现不同程度的人口流失，占比 64.58％，其中，构成黄冈和咸宁两个地级城市的县市(区)全部收缩，一定程度上说明两个地级城市内部并不存在明显的增长极，值得进行深入探讨。

表 7 - 1 - 2 武汉城市圈 9 市城市收缩概况

| 城 市 | 2000 年人口规模(万人) | | 2010 年人口规模(万人) | | 人口增长率(％) | | 收缩县市(区)数 | 非收缩县市(区)数 |
| --- | --- | --- | --- | --- | --- | --- | --- | --- |
| | 全市 | 市辖区/街道 | 全市 | 市辖区/街道 | 全市 | 市辖区/街道 | 全市 | 市辖区/街道 |
| 武汉市 | 831 | 831 | 979 | 979 | 17.72 | 17.72 | 2 | 11 |
| 黄石市 | 248 | 65 | 243 | 69 | —1.94 | 5.85 | 3 | 3 |
| 鄂州市 | 102 | 102 | 105 | 105 | 2.48 | 2.48 | 2 | 1 |
| 孝感市 | 499 | 88 | 481 | 91 | —3.57 | 2.85 | 5 | 2 |
| 黄冈市 | 711 | 37 | 616 | 37 | —13.32 | —1.82 | 10 | 0 |
| 咸宁市 | 270 | 57 | 246 | 51 | —8.82 | —9.70 | 6 | 0 |
| 仙桃市 | 147 | 31 | 118 | 32 | —20.28 | 4.73 | 1 | / |
| 潜江市 | 99 | 23 | 95 | 23 | —4.65 | —1.66 | 1 | / |

续　表

| 城　市 | 2000 年人口规模（万人） | | 2010 年人口规模（万人） | | 人口增长率（%） | | 收缩县市（区）数 | 非收缩县市（区）数 |
|---|---|---|---|---|---|---|---|---|
| | 全市 | 市辖区/街道 | 全市 | 市辖区/街道 | 全市 | 市辖区/街道 | 全市 | 市辖区/街道 |
| 天门市 | 161 | 23 | 142 | 23 | −12.07 | 2.76 | 1 | / |
| 合　计 | 3 070 | 1 258 | 3 024 | 1 410 | −1.48 | 12.05 | 31 | 17 |

资料来源：根据第五次（2000 年）和第六次（2010 年）人口普查数据计算。

# 第二节　武汉城市圈收缩城市空间分布与土地利用

## 一、武汉城市圈 9 市收缩空间格局

进一步地，将武汉城市圈收缩数据匹配地理信息，绘制图 7 - 2 - 1。左图为武汉城市圈 9 市收缩格局，右图为构成武汉城市圈的 48 个县市（区）收缩格局。很明显，武汉城市圈核心区域仍在不断集聚人口，表现为单中心极化经济发展模式。具体来讲，两次普查年间武汉城市圈增长最快的地区主

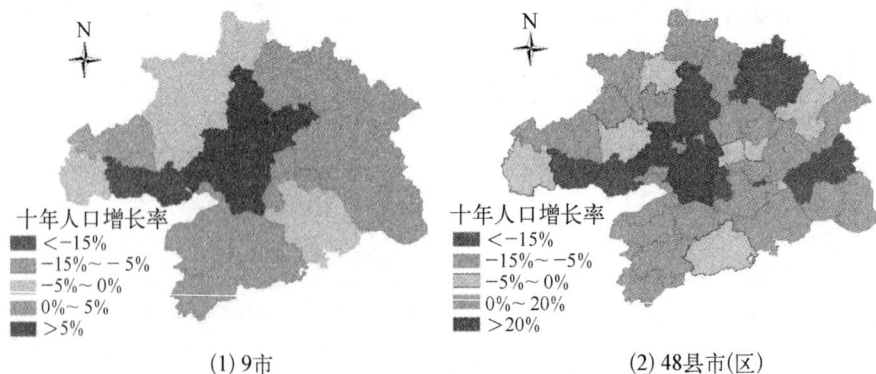

十年人口增长率
- <−15%
- −15%～−5%
- −5%～0%
- 0%～5%
- >5%

（1）9 市

十年人口增长率
- <−15%
- −15%～−5%
- −5%～0%
- 0%～20%
- >20%

（2）48 县市（区）

**图 7 - 2 - 1　武汉城市圈十年人口增长率**

要集中在武汉市市辖区(新洲区和黄陂区除外)以及黄石市的下陆区和黄石港区,人口增长最快的前十位县市(区)平均增速为 27.60％。与此同时,武汉城市圈非核心区域的人口出现大规模下降,主要集中在黄冈、咸宁,人口下降最快的前十位县市(区)平均下降幅度为 15.64％。

结合文献研究城市的发展寓于区域之中,到区域中心城市的距离影响本地区的经济社会发展(Fujita et al.,1999;许政等,2010;朱虹等,2012)。武汉城市圈 9 市和 48 县市(区)的人口空间分布即是以上观点的现实表征。

## 二、武汉城市圈的土地利用

在人口极化发展过程中,武汉城市圈是否能够合理调整城市发展格局,应对总人口规模下降的趋势? 本节以土地蔓延作为地方政府进行地方投资和发展动向的考察指标,讨论武汉城市圈人口减少和土地利用之间的关系。

借鉴 Fallah 等人(2011)提出的方案,本章构建如下蔓延指数[1]:

$$S = \sqrt{SP * SA}$$

其中,

$$SP = 0.5(LP\% - HP\%) + 0.5$$
$$SA = 0.5(LA\% - HA\%) + 0.5$$

$SP$ 代表反映人口密度的城市蔓延度,LP％为市区内人口密度低于全国平均值的栅格的常住人口占市区总人口的比重;HP％为一个城市内高于全国平均人口密度的栅格人口比重。$SA$ 采用城市内部灯光亮度低于(或高于)全国平均水平的栅格面积占比来反映城市低(或高)密度空间比重[2],即在 SA 中采用低、高密度区域面积占整个城市面积的比重来计算 LA％和HA％。S 指数的取值在 0 和 1 之间,越接近 1,表示城市蔓延度越高。

---

① 感谢东南大学经济管理学院刘修岩教授在指数构建过程中给予的帮助。
② 将城市灯光亮度的临界值设定为 6,即,只有亮度大于 6 的栅格才会被看作城市区域加以提取。

本节构建的城市蔓延指数既考虑到人口密度在城市内部空间的差异性,也包含了城市内部经济活动密度的变化。同时,在具体计算过程中,LP/HP以及LA/HA均为相对于全国平均水平的相对指标,剔除了全国平均水平波动造成指数波动的影响,更具合理性。

表7-2-1汇总了武汉城市圈六大地级市的蔓延指数和蔓延增长率,并将其与湖北省均值和全国均值对比。不难发现,除孝感在2001—2010年蔓延程度有轻微下降外,其余5市蔓延程度均有所加深。对比表7-1-2,城市收缩较为严重的黄冈和咸宁两市,2001年、2010年和2013年蔓延指数均处于较高水平,2001—2010年,人口负增长(−1.94%)的黄石市蔓延增长率最高为46.73%,2001—2013年蔓延增长率高达63.64%。相较之下,武汉市的蔓延程度和蔓延增长率处于较低水平,这或许和武汉市可供开发土地面积较小有关,在人口不断增加的过程中提高了土地利用效率。另外,从蔓延均值来看,与湖北省和全国相比,武汉城市圈整体蔓延增长率的均值更高。以上数据说明,武汉城市圈并没有积极响应城市收缩的事实,在总人口规模下降的过程中,土地利用面积却仍然在增加,总体上降低了土地利用效率。

表7-2-1 武汉城市圈蔓延指数和蔓延增长率[①]

| 城 市 | 蔓 延 指 数 | | | 蔓 延 增 长 率 | |
|---|---|---|---|---|---|
| | 2001年 | 2010年 | 2013年 | 2001—2010年 | 2001—2013年 |
| 武汉市 | 0.248 2 | 0.297 1 | 0.287 0 | 0.196 8 | 0.156 2 |
| 黄石市 | 0.254 0 | 0.372 7 | 0.415 6 | 0.467 3 | 0.636 4 |
| 鄂州市 | 0.318 7 | 0.446 2 | 0.471 9 | 0.400 3 | 0.480 8 |
| 黄冈市 | 0.364 0 | 0.408 3 | 0.460 3 | 0.121 6 | 0.264 7 |
| 咸宁市 | 0.398 8 | 0.411 7 | 0.467 4 | 0.032 4 | 0.172 2 |
| 孝感市 | 0.399 1 | 0.394 0 | 0.439 3 | −0.012 8 | 0.100 8 |

① 鉴于数据可获得性,文中的蔓延指数从2001年开始,且不包含仙桃等3个省直管县的蔓延指数。

| 城　市 | 蔓延指数 | | | 蔓延增长率 | |
|---|---|---|---|---|---|
| | 2001 年 | 2010 年 | 2013 年 | 2001—2010 年 | 2001—2013 年 |
| 武汉城市圈均值 | 0.330 5 | 0.388 3 | 0.423 6 | 0.200 9 | 0.301 9 |
| 湖北省均值 | 0.340 0 | 0.394 9 | 0.435 4 | 0.175 9 | 0.296 7 |
| 全国各地级市均值 | 0.409 0 | 0.445 6 | 0.452 9 | 0.101 0 | 0.123 0 |

资料来源：作者计算得出。

## 第三节　武汉城市圈城市收缩背景、现状和应对——以黄冈市为例

不同的城市，城市收缩的原因以及应对城市收缩的重点不同。本节以武汉城市圈内收缩最严重的地级市黄冈市为例，讨论黄冈市城市收缩的背景、发展现状以及相关的城市规划。

### 一、黄冈城市收缩的背景

由表 7-1-2 可知，两次普查年间，黄冈市市辖区出现持续的人口流失，且内部 10 个县市（区）全部呈现收缩状态，总体上人口减少 13.32％。作为农业大市，黄冈的收缩与广大乡村地区类似，是中国工业化发展的遗留问题，同时也有其自身特点。

根据对国内外城市收缩、城市规模或劳动力流动研究文献的梳理，劳动力流动一般被认为是工资水平、舒适度与流动成本三者权衡的结果（Desmet and Rossi-Hansberg，2013），因此城市收缩往往与产业转型和资源枯竭（Martinez-Fernandez et al.，2012）、公共服务水平（夏怡然和陆铭，2015）、经济或政治体制转轨（Leetmaa et al.，2015）等因素相关。结合黄冈

的实际情况,本章认为黄冈的收缩根植于全球化背景下中国产业结构升级的大环境,是其农业大市的资源禀赋和中国 30 多年工业化、城镇化过程交互作用的结果。同时,城市的发展寓于区域之中,黄冈市的收缩趋势也与武汉城市圈正处于不断极化的发展阶段相关。

一方面,黄冈较高比重的农业禀赋导致人均收入水平较低,且产业结构单一化,是黄冈劳动力大量外迁的推力。一般意义上,劳动力总是流向生产率和工资收入水平较高的地区(樊士德和沈坤荣,2015)。黄冈由于生产技术和方式的差异,农村工资水平较低,是劳动力大量外迁的直接原因。根据湖北省统计年鉴,2013 年黄冈农村居民人均纯收入为 6 966 元,仅高于恩施州、神农架林区和十堰市,低于全省平均水平 8 867 元。随着我国经济发展和人均收入水平的提高,配第-克拉克定理以及库兹涅茨的产业结构说均表明,劳动力将从农业部门向非农业部门转移;同时,随着我国工业化程度和技术水平的提升,资本对劳动替代作用加深(詹浩勇,2010),也促使黄冈农业劳动力对外转移。

另外,黄冈市较高比重的农业禀赋形成了较为单一的产业结构,不利于人口集聚。Martinez-Fernandez 等人(2012)认为由单一产业或企业主导的城市,经济转型、资源衰竭或竞争因素的增强将会引发人口衰减和经济衰退。根据 2000 年人口普查数据,黄冈第一产业人口占比 76.14%,同年湖北省均值为 65.83%;至 2010 年第六次人口普查,这一比例降低为 61.43%,同年湖北省均值为 52.11%。同时,根据 2014 年《城市统计年鉴》,黄冈第一产业占 GDP 比重为 26.77%,而同年湖北省均值为 15.59%。黄冈市单一的产业结构使其应对危机和经济波动的能力不强,容易发生持续的人口流失。

另一方面,武汉城市圈不断极化的发展趋势,是黄冈人口大量转移的拉力。武汉城市圈的城镇人口不断增加,而总人口规模不断下降(表 7-1-1),说明武汉城市圈处于快速城镇化过程中,农村人口不断向城镇集中。同时,在其他 7 市人口减少的情况下,武汉人口增加率为 17.72%,反映出武汉城市圈明显的单极集聚发展趋势。集聚经济导致人口等要素由农村向城市集中，同时由周边城市向区域中心城市的集中，形成中心城市对周边中小城市的"虹吸效应"（刘和东，2013；刘秉镰和杨晨，2016）。推力和拉力的共同作用，形成了黄冈市人口等要素不断流出的现实背景。

## 二、黄冈市经济社会发展现状

城市的基本特征是人口与经济在空间的集中（巴顿，1984），因此城市人口的减少往往意味着经济发展活力的下降。将两次普查数据匹配经济发展数据[①]，对比两次普查年间黄冈市经济、社会、财政和公共服务等指标的表现，并将其与武汉城市圈和湖北省均值进行比较（表7-3-1）。

表7-3-1　黄冈市经济社会发展主要指标[②]

(1) 黄冈市人口规模和人口密度指标

| 城市类型 | 人口变动率(%) | 总人口（人） | | 各行业人口总计（人） | | 人口密度（人/平方千米） | |
| --- | --- | --- | --- | --- | --- | --- | --- |
| | | 2000 年 | 2010 年 | 2000 年 | 2010 年 | 2000 年 | 2010 年 |
| 黄冈市 | −13.32 | 7 109 047 | 6 162 069 | 316 848 | 323 658 | 417.00 | 425.28 |
| 城市圈均值 | −1.24 | 4 435 952 | 4 450 428 | 197 139 | 215 395 | 560.83 | 591.52 |
| 湖北省均值 | −3.35 | 4 297 932 | 4 194 252 | 204 552 | 218 852 | 412.33 | 430.32 |
| 全国均值 | 7.14 | 4 024 794 | 4 346 436 | 219 693.2 | 233 299.7 | 426.76 | 428.336 |

(2) 黄冈市社会指标

| 城市类型 | 城镇化率（%） | | 大学专科及以上教育程度人口比重(%) | | 15～59 岁人口比重(%) | | 60 岁及以上人口比重(%) | |
| --- | --- | --- | --- | --- | --- | --- | --- | --- |
| | 2000 年 | 2010 年 | 2000 年 | 2010 年 | 2000 年 | 2010 年 | 2000 年 | 2010 年 |
| 黄冈市 | 24.07 | 34.80 | 1.93 | 5.64 | 64.90 | 68.85 | 10.09 | 17.42 |
| 城市圈均值 | 46.24 | 52.55 | 4.43 | 10.01 | 66.55 | 71.77 | 9.61 | 15.00 |

---

① 匹配数据来源：《中国城市统计年鉴（2011）》。

② 《中国城市统计年鉴（2011）》未统计仙桃等 3 个省直管县数据，因此表 7-3-1 仅包含 6 个地级城市的相关数据。

| 城市类型 | 城镇化率(%) | | 大学专科及以上教育程度人口比重(%) | | 15～59 岁人口比重(%) | | 60 岁及以上人口比重(%) | |
|---|---|---|---|---|---|---|---|---|
| | 2000 年 | 2010 年 | 2000 年 | 2010 年 | 2000 年 | 2010 年 | 2000 年 | 2010 年 |
| 湖北省均值 | 41.79 | 48.98 | 3.79 | 8.65 | 67.48 | 72.18 | 10.22 | 15.71 |
| 全国均值 | 38.37 | 49.97 | 3.52 | 8.63 | 66.80 | 70.11 | 11.56 | 15.59 |

(3) 黄冈市经济、财政和投资指标

| 城市类型 | 人均 GDP(元/人) | | 单位面积 GDP(万元/平方千米) | | 预算内财政支出占 GDP 比重(%) | | 人均固定资产投资(元/人) | |
|---|---|---|---|---|---|---|---|---|
| | 2000 年 | 2010 年 | 2000 年 | 2010 年 | 2000 年 | 2010 年 | 2000 年 | 2010 年 |
| 黄冈市 | 4 505.94 | 13 993.68 | 183.61 | 493.96 | 1.15 | 21.23 | 515.62 | 11 945.06 |
| 城市圈均值 | 7 693.60 | 29 122.64 | 513.11 | 2 076.29 | 3.66 | 15.39 | 2 121.77 | 21 310.02 |
| 湖北省均值 | 7 155.24 | 26 796.65 | 340.12 | 1 323.51 | 3.23 | 15.42 | 1 863.77 | 18 186.14 |
| 全国均值 | 8 262.01 | 32 867.77 | 4 868.95 | 1 896.62 | 4.05 | 17.33 | 1 940.73 | 21 784.31 |

　　资料来源：人口、城市化率、教育等数据来源于"五普"(2000 年)和"六普"(2010 年)；经济、财政、投资等数据来源于《中国城市统计年鉴(2011)》。

　　表 7-3-1 中(1)～(3)分别统计了黄冈市两次普查年间人口、经济和社会等发展指标。与武汉城市圈、湖北省和全国均值对比，总体上黄冈市城市收缩呈现以下特点：

　　(一) 人口规模较大、人口密度较小

　　黄冈市面积为武汉城市圈的 1/3，因此人口绝对规模较大，为武汉城市圈的 1/5。但是城市收缩较严重，人口总体下降 13.32%，造成黄冈市人口密度水平较低，2010 年人口密度仅为武汉城市圈的 71.91%。较低的人口密度意味着较低的经济活动强度，总体上不利于经济效率的提高。

　　(二) 高质量劳动力流失严重、城镇化水平较低

　　从技能水平和年龄结构两个方面考察黄冈市的劳动力质量。借鉴 Diamond(2016) 的做法，以大专及以上学历人口代表高技能劳动力，由表 7-3-1(2)可知，黄冈市高技能劳动力占比仅为武汉城市圈 55.84%。另外，

以 15～59 岁人口代表劳动年龄人口，发现黄冈劳动年龄人口比重低于武汉城市圈 2.92 个百分点；而 60 岁及以上老龄人口比重高出武汉城市圈 2.42 个百分点。与湖北省或全国比较，黄冈市以上指标皆有较差的表现。教育水平较高、劳动参与率较高和健康劳动力的流出，降低黄冈市人口质量。另外，黄冈市城镇化率较低的事实表明，黄冈市核心区对乡村人口的凝聚力并不高。

（三）经济效率水平较低、财政支出偏高

黄冈市经济效率较差，2010 年代表劳均生产率的人均 GDP 仅为武汉城市圈的 48.05%，为湖北均值的 52.22%，以及全国均值的 42.58%；代表地均生产率的单位面积 GDP 仅为武汉城市圈的 23.79%。这一方面解释了黄冈市发生城市收缩的直接原因，即较低的收入水平推动劳动力大量外迁；另一方面，高质量劳动力的流出，以及生产效率的持续下降，意味着黄冈市未来将面临较为严峻的发展形势。另外，较低水平的人均固定资产投资代表企业投资动力不足，而 2010 年较高的财政支出占比，则意味着地方政府在城市收缩背景下仍在试图扩大经济规模。

## 三、城市收缩背景下增长型的城市规划

在快速人口流失这一客观背景下，黄冈市是否能够合理地规划城市发展布局，以应对城市收缩？我们发现，总体上黄冈市并没有制订合理的应对"城市收缩"的发展规划。这主要体现在黄冈市土地利用面积不断扩张与人口规模迅速下降形成的鲜明对比上。根据《国土资源统计年鉴（2006—2012）》，2005 年黄冈市土地出让面积为 225.26 公顷，至 2011 年，土地出让面积达 880.31 公顷，增长 290.80%，与城市收缩的现实形成强烈对比。这与杨东峰等（2015）利用航空影像资料发现空间扩张与人口流失并存的结论相同。另外，根据夜间灯光数据和人口密度数据计算出的 2013 年黄冈土地蔓延指数为 0.46（见表 7-2-1），高于武汉城市圈平均值，也高于湖北省和全国蔓延均值，佐证了黄冈市土地利用效率低下的事实。说明黄冈市在人

口减少的情况下依然在刺激经济规模的扩张。

另外,我们考察了《黄冈市经济和社会发展第十一个五年规划纲要》和《黄冈市经济和社会发展第十二个五年规划纲要》,并没有发现与人口减少趋势相关的规划制订方案,相反地,经济总量、投资总量、出口总量等,按规划目标则需要持续增长(表7-3-2)。黄冈市政府在人口流失的背景下,依然制定和实施刺激经济增长的方针政策,这既是中国长期增长模式下的产物,同时说明黄冈市很有可能制定了脱离实际的发展目标,将来的规划可能需要进行转型。

表7-3-2 "十一五"和"十二五"时期黄冈主要增长目标

| 项 目 | "十二五"时期主要增长目标 | "十一五"时期主要增长目标 |
|---|---|---|
| GDP | 年均增长 13% | 年均增长 10% |
| 总 量 | "十一五"末期基础上翻番 | |
| 人均 GDP | "十一五"末期基础上翻番 | 比 2000 年翻一番 |
| 地方一般预算内收入 | 年均增长 15% 及以上 | 年均增长 12% |
| 社会消费品零售总额 | 年均增长 18% | 年均增长 12% |
| 全社会固定资产投资 | 年均增长 25% | 年均增长 15% |
| 外贸出口 | 年均增长 15% 及以上 | 年均增长 15% |
| 城镇保障性安居工程 | 5.95 万套 | |

资料来源:《黄冈市经济和社会发展第十一个五年规划纲要》《黄冈市经济和社会发展第十二个五年规划纲要》。

# 第四节 本 章 小 结

## (一) 研究结论

本章以武汉城市圈为例,基于两次人口普查数据,识别并分析了武汉城市圈的 9 市和 48 个县市（区）的收缩现状。结果发现，除构成圈内核心区的武汉和鄂州外，其余 7 市均有不同程度的收缩，其中仙桃市的收缩率达 −20.28％，其次为黄冈市 −13.32％，呈现显著的单极化集聚发展趋势。为考察人口收缩背景下城市圈内城市发展格局，本章利用人口密度和夜间灯光数据构建土地蔓延指数，发现虽然武汉城市圈人口规模整体下降，但土地蔓延增长率较湖北省和全国平均水平高，说明圈内地方政府仍在大规模开发新的建设用地，造成土地利用率下降。这种与城市收缩趋势相反的大兴土木的行为，不利于在人口流失背景下城市的可持续发展。

进一步地，为分析城市收缩的原因，在此基础上形成应对城市收缩的针对性措施，本章以黄冈市为例，分析城市收缩的背景、目前的城市发展状态及相关城市发展规划。基于前人研究和中国发展特征，本章指出，黄冈市城市收缩是中国快速工业化、城镇化的产物，并与单极倾向的武汉城市圈发展进程相关。黄冈市人口减少意味着经济社会发展活力下降，在 2000—2010 年，人口密度、经济效率、社会投资、教育水平、人口结构等方面的发展不尽如人意，然而黄冈市依然制订了经济扩张的发展规划，说明收缩城市"适应人口减少的规划"或许正处于准备不足的状态。

### （二）政策建议

按照《武汉城市圈区域发展规划（2013—2020）》，武汉城市圈将建设成为"全国两型社会建设示范区、全国自主创新先行区、全国重要的先进制造业和高技术产业基地、全国重要的综合交通运输枢纽、中部地区现代服务业中心和促进中部地区崛起的重要增长极"。武汉城市圈人口总量的持续下降值得关注：虽然武汉市人口总量增加，但圈内其他城市普遍出现的城市收缩的现象令人担忧，不利于圈内健康的城镇体系的建立。在以上研究结论的基础上，本章提出以下几点应对城市收缩的政策建议：

#### 1. 以区域的、发展的眼光看待收缩和适应收缩

武汉城市圈内除武汉和鄂州外，其余 7 市均发生不同程度的收缩。从

收缩形态来看,除了自身的地理资源禀赋外,武汉作为区域中心城市对周边区域产生的"虹吸效应"是 7 市发生收缩的重要原因之一。集聚经济使区域中心城市产生生产率优势(余壮雄和杨扬,2014),继而形成空间增长极,区域外围城市的人口规模虽然下降,却提高了人口等要素在核心区域的聚集程度,总体上提升区域效率。因此,武汉城市圈收缩应更加关注区域的、整体的利益,适应收缩。以黄冈市为例,未来黄冈市的发展应注重与武汉市形成区域协同,利用武汉市的便利并结合自身优势,考虑重点推进文化和旅游产业的发展。

2. 控制与人口流失不相称的"空间扩张"趋势

收缩包含着"空间置换"和"人与社会和谐发展"的机遇(Haase et al.,2014),这为应对城市收缩提供了新的思路,也是城镇体系优化和结构更新换代的机遇。应借鉴国际上"精明收缩"的理念——"更少的人、更少的建筑、更少的土地利用"(Hollander and Németh,2011),关注城市持续的潜在发展动力,制定更合理的适应城市人口规模的空间策略。

3. 着重改善收缩城市人力资本流失的问题

未来城市发展规划的重点应由规模扩张转向质量提升。总体上而言,中国城市的总体规划依然延续 30 多年的"增长模式",然而在人口大量流失的背景下,政府依然提高财政支出等以刺激经济规模扩张,可能导致人口老龄化、社会不均等和高失业率等其他问题。人口流失或许并不必然意味着城市衰败,然而人力资本质量的下降将对城市未来健康发展造成巨大的威胁。与其试图逆转城市收缩趋势,不如将未来城市发展规划的重点放在如何抑制高质量人才的流失,以及人口结构的优化问题上。具体可以从以下三个方面努力:(1)减少人口自由流动障碍,因势利导,形成合理的人口分布结构和人口在重点区域的有序集聚;(2)适当提高对高技能劳动力的工资福利补贴,并建设完善的民生保障体系,以应对老龄化趋势;(3)在区域协同的基础上壮大当地特色产业,并重视培养适应当地特色产业发展的专职人才。

# 第八章
# 基于人口集聚的视角重组城市空间的国际经验及启示①

中国局部地区城市收缩客观上重塑了中国人口空间分布格局，对以相对固化的行政区为基本单元的城市管理工作形成了挑战。中国局部地区城市收缩处于动态变化过程中，因此，需要依据人口空间分布格局，基于"城市实体地域"所反映出的人口和经济活动集聚的视角，超越城市行政边界，重新组合城市空间，辅助城市统计和管理工作。本章综述了美国、加拿大、英国、日本等先发国家，以及欧盟和 OECD 等国际组织在超越城市行政边界，基于人口集聚和经济一体化视角所划分的"都市经济区"的理念、方法和实践经验，并借鉴运用于审视及应对当前中国人口空间格局变化过程中的主要问题。

## 第一节　先发国家重组城市空间的实践

### 一、美国："都市区"国际范式发端

美国 1910 年首次提出"大都市区"（Metropolitan District，简写为 MD）概念，可以说开创了城市非行政区划空间尺度识别的国际范式，在美国及世

---

① 本章部分内容发表于《城市规划学刊》2016 年第 5 期。

界其他国家都产生了广泛持久的影响。随后的10多年中,联邦政府的不同机构又分别定义了工业区域(Industrial Area)、劳动市场区域(Labor Market Areas)和都市郡县(Metropolitan Counties)等一系列空间统计单元。为避免不同空间尺度之间的冲突及其带来的统计不可比性,1950年美国行政管理与预算局(OMB)推出"标准大都市区"(Standard Metropolitan Area,简写SMA)的界定及规范,从此这一概念被广泛应用,成为国际范例被其他国家效仿。

随着都市区识别标准的更新,美国都市区数量、构成也在发生细微变化。表8-1-1给出了2006—2015年非连续年度美国都市区构成情况,总体看近10年来,美国都市区数量保持稳定。以2015年为例,美国共有945个都市区,其中具体包含了"大都市统计区"(Metropolitan Statistic Area,简写为MSA)389个、"小都市统计区"(Micropolitan Statistic Area,简写为McSA)556个。此外,还有城市化区域人口超过250万人的大都市区内部拆分出来的次级单元,即"次都市区"(Metropolitan District,简写为MD)31个。

表8-1-1　美国都市区基本构成(2006—2015年)

| 年份 | 总数 | 大都市区 MSA | 小都市区 McSA | MSA 中的次都市区 |
|------|------|------|------|------|
| 2006 | 952 | 371 | 581 | 29 |
| 2007 | 953 | 371 | 582 | 29 |
| 2008 | 953 | 374 | 579 | 29 |
| 2009 | 955 | 374 | 581 | 29 |
| 2013 | 929 | 388 | 541 | 31 |
| 2015 | 945 | 389 | 556 | 31 |

资料来源:根据美国行政管理与预算局历年公告整理,其中2006—2009年按2000年版都市区识别标准统计,2013年、2015年按2010年版统计。

根据美国指导划分都市区的最新文件即《2010年都市区界定标准》,大都市统计区和小都市统计区合称为"基于核心区识别的统计区"(Core

Based Statistic Area,简写为 CBSA),定义为"人口超过 1 万人的城市区域以及用通勤量表征的与城市区域之间具有密切社会经济联系的外围郡县"。这一定义作为界定美国都市区的基础,以此制定了相应的都市区人口标准、拆分、合并及命名规则等(表 8-1-2)。

表 8-1-2　美国都市区最新界定标准(2010 年)

| 条　目 | 说　　　明 |
|---|---|
| 人　口 | CBSA 需包含人口超过 5 万人的城市化区域(urbanized area),或人口超过 1 万人的城市聚集区(urban cluster) |
| 中心郡县 | 50%人口聚集于大于 1 万人的城市区域;或郡县超过 5 000 人位于超过 1 万人的单一城市区域 |
| 外围郡县 | 与中心郡县的职/居通勤率至少为 25% |
| 郡县合一 | 当某一 CBSA 的中心郡县满足另一 CBSA 外围郡县的标准,两者合并为新的 CBSA |
| CBSA 细分 | 包含城市化区域的 CBSA 称为 MSA,包含城市聚集区的 CBSA 称为 McSA;当 MSA 的城市化区域人口大于 250 万人,可分为更小的"次都市区" |
| CBSAs 合并 | 毗连的 CBSAs 相互之间就业通勤率至少为 15%,可合并为 CSA(Combined Statistical Area),合并后原 CBSA 统计上仍相对独立 |
| 命名规则 | CBSA 以其"主要城市"命名,若存在多个"主要城市",则第二、三主要城市的名字也在 CBSA 名称中 |
| 检视更新 | 美国行政管理与预算局将于 2018 年据 2011—2015 年通勤就业调查预测数据重审现有 CBSA 的合理性 |

注:(1) 资料来源:根据 2015 年美国行政管理与预算局发布的《2010 年都市区界定标准》整理。(2) 主要城市一般为人口超过 1 万人的最大城市。

美国国内使用都市区标准的联邦政府、州政府部门以及非政府组织很多,他们据此进行项目审定、经费分配等一系列重要工作。另外需要强调的是,美国的"都市区"属统计范畴,正如美国行政管理与预算局在正式发布都市区界定标准文件时所强调的:划定大都市区、小都市区的目的只是为了提供统计意义上收集、测量与公开数据的便利性,并不改变美国现行的行政区划等级体系。正是由于便利城市管理且与现行行政区划框架并不相悖，"都市区"及其相关概念在美国城市发展实践中具有重大意义且应用广泛，也被其他国家所效仿应用。

## 二、加拿大："大都市普查体系"

按照行政区划，加拿大界定了标准地域单元（Standard Geographical Classification），但无法满足经济社会领域的多方面管理需求，为此，加拿大又制定"大都市普查体系"（Census Metropolitan Category），重新组合城市管理空间。加拿大大都市普查体系，包括大都市普查区（Census Metropolitan Area）、人口聚集区（Census Agglomeration）和都市普查影响区（Census Metropolitan Influenced Zone），三者均以细分普查区（Census Subdivision）为基本单元，行政级别相当于自治市（图 8 - 1 - 1）。

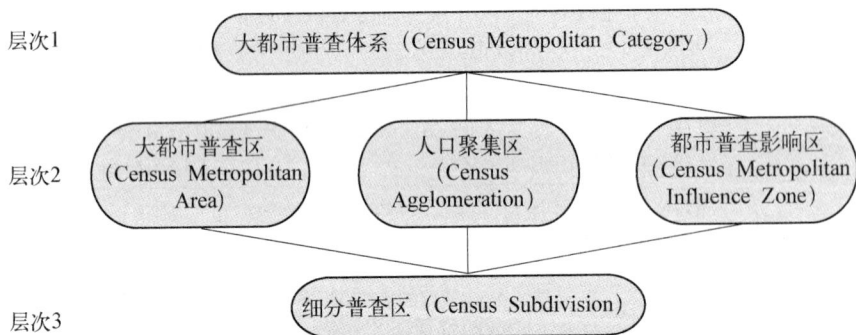

图 8 - 1 - 1　加拿大大都市普查体系结构图

资料来源：根据加拿大统计局发布的《标准地域单元划分标准（2011）》绘制。

根据最新文件，大都市普查体系的界定标准为：大都市普查区或人口聚集区由 1 个人口核心区以及周围多个毗连的自治市构成。大都市普查区规定人口总量至少为 10 万人且至少 5 万人居住在核心区；人口聚集区的核心区人口至少为 1 万人。与核心区毗连的细分普查区满足以下三个条件之一则成为大都市普查区或人口集聚区的构成部分：（1）细分普查区全部属于或部分属于核心区;(2)至少50%的居民于核心区工作;(3)至少25%的劳动力于核心区居住。其余的细分普查区根据受到的大都市普查区或人口聚集区影响程度的不同,分别划归于相应的都市普查影响区①。根据2011年公布的最新识别标准,加拿大全国共包含33个大都市普查区,114个人口聚集区。

加拿大大都市普查体系的构建是一个不断完善的过程。以"大都市普查区"为例,它于1951年首次出现(Puderer,2008),雏形是1941年人口普查中出现的"大城市(Greater City)",界定标准在不同时期逐渐演变(见表8-1-3)。不难发现,加拿大大都市普查区的划分方法与美国都市区的识别标准非常相似,仅在一些具体指标的应用上有所区别:其一,通勤指标的选取。加拿大规定"至少50%的居民于核心区工作"的细分普查区被认定为都市普查区的构成部分,而美国这一标准设定为25%;其二,总人口规模限定。加拿大规定大都市普查区总人口规模至少为10万人,而美国并没有对都市区总人口规模进行限定;其三,地理空间的基本构成单元。加拿大大都市普查区、人口聚集区和都市普查影响区以细分普查区为基本构成单元,对应于行政区划中的自治市;美国大都市区和小都市区则以郡县为基本构成单元。另外,加拿大"都市普查影响区"是大都市普查区和人口聚集区以外的第三种区域空间,相比之下,美国在同一划分体系下并没有对大都市区和小都市区以外的区域作进一步细分。

表8-1-3 加拿大"大都市普查区"演变

| 年份 | 定义或更改项目 | 内容 |
|---|---|---|
| 1941 | 大城市 | 人口超过5万人,且包含经济联系密切的卫星城 |
| 1951 | 大都市普查区 | 人口超过10万人,且包含经济联系密切的部分边缘城市 |

① 利用在大都市普查区或人口聚集区工作的居民比例确定受影响程度:大于30%为强影响区域;5%～30%为适度影响区域;0%～5%为弱影响区域;0%为无影响区域。

| 年份 | 定义或更改项目 | 内　　容 |
|------|------|------|
| 1961 | 大都市普查区 | 人口总量超过 10 万人;其中主要城市(Principal City)人口超过 5 万人,毗连区人口密度至少为 1 000 人/平方英里(约 386 人/平方千米);边缘城市至少 75% 人口从事非农工作 |
| 1966 | 核心区 | 人口大于 5 万人的城市以及人口密度大于 1 000 人/平方英里(约 386 人/平方千米)的毗连区 |
| 1971 | 城市区域 | 以"城市区域"的概念替代核心区,认定标准为:人口密度大于 1 000 人/平方英里(约 386 人/平方千米),人口总量大于 10 万人 |
| 1971 | 腹　地 | 引入"劳动力市场(labor market)",要求:CMA 中有相当显著的劳动力到核心区工作 |
| 1976 | 腹　地 | 至少有 40% 的劳动力在核心区工作(1986 年调整为 50%);或者至少 25% 的劳动力居住于核心区 |
| 1981 | 城市区域 | 人口密度从 1 000 人/平方英里(约 386 人/平方千米)变为 400 人/平方英里(约 154 人/平方千米) |
| 1986 | 合并条件 | 若 CMA 和 CA 通勤量至少为较小经济体劳动力的 35%,则两者可以合并成为一个新的 CMA。1996 年被取消 |
| 2006 | 大都市普查区 | 人口总量超过 10 万人,其中超过 5 万人居住在城市区域 |

资料来源:根据 Henry Puderer(2008)整理。

## 三、英国:独立劳动力市场导向的"通勤区"

英国统计局集中归纳了除行政区划之外的多种功能区划,包括:政治选举中的选区(UK Electoral Geography)、人口普查时的产出区域(Output Area)、实施国家健康服务(National Health Service)项目时的健康区域(Health Geography)、利用邮编区分的地域空间(Postal Geography)以及与欧盟标准地域单元对应的区域系统(Nomenclature of Territorial Units for Statistics),等等。特别地,英国从 1960 年代开始统一划定的全国"通勤区"(Travel To Work Area,简写为 TTWA),集中反映劳动就业的空间格局及变化,受到英国及其他国家的重视。

英国通勤区的识别方法由国家统计局与纽卡斯尔大学共同研发。目前,英国范围的通勤区由 42 619 个超级产出区域(Super Output Area,简称 SOA)及同等级别的地理单元组合而成。英国通勤区的识别方法包括三个步骤:首先,测度任意两个区域 $a$ 与 $b$ 之间通勤密切程度(如下公式中,$F_{ij}$ 是区域 $i$ 至区域 $j$ 就业的总人数;$R_i$ 是区域 $i$ 居民总数量;$W_i$ 为区域 $i$ 总就业人数。其中,$i = a$,$b$)。

$$\frac{F_{ab}}{R_a} * \frac{F_{ab}}{W_b} + \frac{F_{ba}}{R_b} * \frac{F_{ba}}{W_a}$$

其次,设定通勤区标准:75% 及以上的居民于此区域就业,并且 75% 及以上的从业者于此区域居住,且总人口至少为 3 500 人;上述比例随区域总人口调整,超过 2.5 万人可以降为 66.67%,3 500~25 000 人的区域要求相应比例从 75% 线性递减至 66.67%(图 8-1-2)。

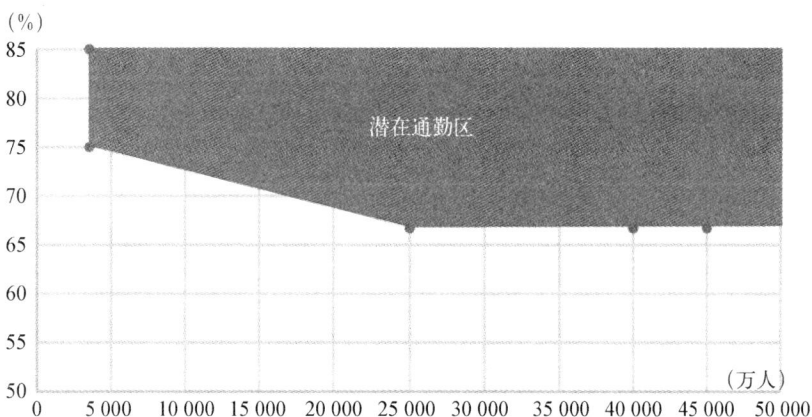

图 8-1-2 英国潜在通勤区

资料来源:根据英国统计局 2015 年发布的《2011 年通勤区划分导则和相关信息》整理。

再次,择定通勤区。借助计算机程序,从处于通勤区择定标准边缘的超级产出区域 $x$ 开始,根据上述公式计算与它具有最高通勤密度的区域 $y$ 并与之合并。如此反复,迭代产生稳定的通勤区划分方案。最终划分的每个通勤区互不重叠,覆盖整个国土面积。

英国通勤区的数量和范围不断更新。按照 1991 年、2001 年普查数据识别的通勤区数量分别为 308 个和 243 个。2015 年 8 月英国国家统计局公布的最新文件显示,按照 2011 年度普查数据识别的通勤区数量减少至 228 个。比较 2001 年与 2011 年伦敦及周围通勤区情况可见,通勤区数量、名称和范围都发生了明显的变化,这反映了交通通信技术进步和人们工作性质、生活方式改变以及区域政策调整的影响。

以通勤率为唯一识别标准的英国通勤区是凸显劳动就业重要性,突破城市行政边界的重要尝试。每个通勤区既是相对独立的地方劳动力市场,也构成更小尺度的经济体。如今,英国通勤区已广泛用于城市政策的制定实施,包括判断劳动力供求空间分布情况,引导区域投资及有效实施和监测劳动就业项目等。同时,由于划定标准的一致性,通勤区的识别增加了英国各城市经济活动的可比性和可预测性。

## 四、日本:“都市区”与“城市就业区”交相呼应

20 世纪 60 年代日本提出“都市区”概念,并在五次《国土综合开发法/全国综合开发计划》中逐渐完善。根据 2010 年日本普查报告的定义,日本都市区[①]由一个或多个中心城市以及与其相关联的周边市町村构成。中心城市的界定标准为:中央指定市(Designated City)或人口超过 50 万人的其他城市;外围市町村的择定标准为:15 岁以上居民中,存在 1.5% 及以上比例去中心求学或工作。以中央指定市为中心城市形成的都市区被称为主都市区(Major Metropolitan Area);其余被称为大都市区(Metropolitan Area)。另外,若两个或多个中心城市的外围市町村相互交叉,则它们将被合并为同一都市区。根据 2014 年 6 月日本统计数据,日本现有 10 个主都市区、

---

① 日本统计局官方统称“metropolitan area”为“都市圈”,是前文“都市区”的不同译法,为与国际习惯一致,本书译为“都市区”。

4 个大都市区（表 8 - 1 - 4），共覆盖 69.18％ 的人口和 22.44％ 的国土面积。

表 8 - 1 - 4　日本主都市区和大都市区

| 地　　域 | 人　　口 | | | 面积<br>（平方千米） | 人口与面积<br>占比（％） | |
|---|---|---|---|---|---|---|
| | 总　　数 | 2005 年至 2010 年 | | | 人口<br>占比 | 面积<br>占比 |
| | | 人口增加数 | 人口<br>增长率 | | | |
| 全　国 | 128 057 352 | 289 358 | 0.2 | 377 950.10 | 100.0 | 100.0 |
| 主都市区 | 83 552 775 | 6 200 584 | 8.0 | 69 364.92 | 65.2 | 18.4 |
| 　中心市 | 35 363 607 | 4 866 563 | 16.0 | 12 224.95 | 27.6 | 3.2 |
| 　周边市町村 | 48 189 168 | 1 334 021 | 2.8 | 57 139.97 | 37.6 | 15.1 |
| 前三大主都市区 | 65 372 583 | 1 998 283 | 3.2 | 34 138.43 | 51.0 | 9.0 |
| 　中心市 | 25 751 096 | 2 410 094 | 10.3 | 4 099.77 | 20.1 | 1.1 |
| 　周边市町村 | 39 621 487 | −411 811 | −1.0 | 30 038.66 | 30.9 | 7.9 |
| 大都市区 | 5 033 768 | −2 679 058 | −34.7 | 15 436.34 | 3.9 | 4.1 |
| 　宇都宫大都市区 | 1 686 898 | — | — | 5 455.34 | 1.3 | 1.4 |
| 　松山大都市区 | 717 687 | −6 361 | −0.9 | 2 272.22 | 0.6 | 0.6 |
| 　熊本大都市区 | 1 476 435 | 14 026 | 1.0 | 4 250.98 | 1.1 | 1.1 |
| 　鹿儿岛大都市区 | 1 152 748 | 20 642 | 1.8 | 3 457.80 | 0.9 | 0.9 |

注：(1) 资料来源：根据 2014 年日本统计局公布的《平成 22 年(2010)国势调查最终报告书》整理。(2) 前三大主都市区为关东、中京和近畿主都市区。其余 7 个主都市区分别为：札幌、仙台、新潟、静冈·浜松、冈山、广岛以及北九州·福冈主都市区。

　　日本官方同时使用学者定义的另一类空间尺度即"城市就业区"（Urban Employment Area）。其中的一个原因是日本现行都市区的面积和人口规模与欧美通行的"都市经济区"不具有国际可对比性[①]，为此，日本经济产业省（Ministry of Economy, Trade and Industry）采用金本良嗣（Kanemoto）和德冈一幸（Tokuoka）在 2002 年提出的城市就业区[②]概念和

---

[①]　Yoshitsugu Kanemoto, Need for an Urban Area Definition, http://www.csis.u-tokyo.ac.jp/UEA/index_e.htm, 2016 年 4 月 21 日。

[②]　日本学者金本良嗣和德冈一幸称"urban employment area"为"都市雇佣圈"，为了与下文中的"metropolitan employment area"区分，并符合通常译法，文中称为"城市就业区"。

划分方法。与都市区类似,城市就业区由中心城市以及满足某一通勤率的外围市町村构成。其中,拥有人口超过 5 万人密集居住区（Densely Inhabited District）为中心城市的就业区称为大都市就业区（Metropolitan Employment Area）；拥有人口在 1 万～5 万人密集居住区为中心城市的就业区称为小都市就业区（Micropolitan Employment Area）。外围市町村主要定义为与中心城市保持 10% 或以上的劳动通勤率的地区。根据金本良嗣的研究,日本共划分为 233 个城市就业区,其中:500 万人以上的就业区 3 个,100 万～500 万人的就业区 14 个,30 万～100 万人的就业区 50 个,10 万～30 万人的就业区 91 个,1 万～10 万人的就业区 75 个[①]。表 8-1-5 列出了日本前十大都市就业区部分统计指标,共包含 25 个中心城市,覆盖全国 60.95% 的人口。

表 8-1-5　日本前十大都市就业区（2010 年标准）

| 名　称 | 人　口 | 密集居住区人口 | 含中心城市数量 | 劳动力居民比 |
|---|---|---|---|---|
| 东　京 | 34 834 167 | 8 945 695 | 8 | 1.72 |
| 大　阪 | 12 273 041 | 2 664 819 | 5 | 1.81 |
| 名古屋-小牧 | 5 490 453 | 2 216 845 | 2 | 1.25 |
| 京　都 | 2 679 094 | 1 403 631 | 1 | 1.13 |
| 福　冈 | 2 495 552 | 1 405 700 | 1 | 1.23 |
| 神　户 | 2 431 076 | 1 440 411 | 1 | 1.04 |
| 札幌-小樽 | 2 341 599 | 1 846 399 | 2 | 1.01 |
| 仙　台 | 1 574 942 | 931 677 | 1 | 1.13 |
| 冈　山 | 1 532 146 | 478 993 | 1 | 1.06 |
| 前桥-高崎-伊势崎 | 1 453 528 | 200 675 | 3 | 1.07 |

资料来源:根据东京大学空间信息科学中心数据整理,http://www.csis.u-tokyo.ac.jp/UEA/uea_code_e.htm。

---

① 日本经济产业省,経済産業省の地域政策におけるエリア概念について,https://www.kantei.go.jp/jp/singi/sousei/meeting/kihonseisaku/h26-10-07/h26-10-07-s6.pdf,2014 年 10 月 7 日。

日本的都市区和城市就业区虽然人口规模、地域范围差别较大，但使用中"交相呼应"，反映不同空间尺度上的人口聚集区及其辐射范围。同时，两个概念也一定程度上反映了日本国内与国际、官方与学者、政府与市场之间的差异和互动，比如，日本政府在"都市区"形成过程中的主导力量强于其他西方发达国家，集中体现在官方五次《国土综合开发法/全国综合开发计划》中对都市区的界定和调整。同时，源于学者定义的城市就业区，则在规模和尺度上便利了与其他西方国家的横向比较。

# 第二节　典型国际组织城市空间重组新进展：以欧盟和 OECD 为例

类似联合国、世界银行及国际货币基金组织等国际组织庞大的数据库已成为世界经济研究的重要来源。不同于已有的国别统计，欧盟和经合组织近年形成了针对成员国构成区域进行空间再划分的标准和方法，并逐步建立起统计体系和数据库，从而增加了成员国之间及内部不同空间尺度经济发展程度的可比性，为制定和实施区域政策提供了良好依据。

## 一、欧盟："三层级地域单元体系"

欧盟由欧洲共同体，又名欧洲共同市场发展而来，自 2013 年克罗地亚加入欧盟，欧盟成员国已达 28 个。作为发展联盟，欧盟面临的关键问题即协调拥有独立主权的成员国的整体利益。为了实现"建立无内部边界的空间，促进成员国经济和社会的均衡发展"的目标，首当其冲即构建一套可比性强、能够识别发展差异的空间单元。

1988 年欧盟立法委员会正式启动"标准地域统计单元"（Nomenclature of Territorial Units for Statistics，简写为 NUTS）划分的工作，2003 年欧盟

议会及理事会在公文中正式确立了标准地域统计单元的法定划分方案,以便于区域数据的统计、编辑和广泛应用。由于成员国行政区划变动或人口规模的变动,标准地域统计单元划分方案于 2006 年、2010 年、2013 年和 2014 年分别做出相应修改。其中,2013 年和 2014 年的修订版分别于 2015 年 1 月和 2016 年 1 月启用。

标准地域统计单元通过标准化的划分方案适用于所有成员国。(1)标准地域统计单元将欧盟成员国分为 3 种不同层次的空间尺度(表 8 - 2 - 1)。第一层级空间尺度的划分首要标准为主权国家的领土边界。同时,为了增加国际可对比性,NUTS 以人口规模大小界定 3 个层次的空间尺度——15 万人(第三层次人口下限)、80 万人(第三层次人口上限以及第二层次人口下限)、300 万人(第二层次人口上限以及第一层次人口下限)和 700 万人(第一层次人口上限)。(2)在遵守人口阈值标准前提下,标准地域统计单元倾向于使用各成员国国内的行政区划或某种区域划分方法作为第二和第三层级空间尺度的标准。同时,当成员国某行政区人口规模不足以满足阈值下限,则人为合并某些较小的行政区单元。(3)在另外一些情况下,标准地域统计单元倾向于参考自然地理边界以区分地域功能,如农垦区、采矿区等。

表 8 - 2 - 1　欧盟三级标准地域统计单元划分结果

| 国　　家 | 第一层次 | | 第二层次 | | 第三层次 | |
|---|---|---|---|---|---|---|
| | 2010 年 | 2014 年 | 2010 年 | 2014 年 | 2010 年 | 2014 年 |
| 比利时 | 3 | 3 | 11 | 11 | 44 | 44 |
| 保加利亚 | 2 | 2 | 6 | 6 | 28 | 28 |
| 捷克共和国 | 1 | 1 | 8 | 8 | 14 | 14 |
| 丹　麦 | 1 | 1 | 5 | 5 | 11 | 11 |
| 德　国 | 16 | 16 | 38 | 40 | 412 | 412 |
| 爱沙尼亚 | 1 | 1 | 1 | 1 | 5 | 5 |

续　表

| 国　家 | 第一层次 | | 第二层次 | | 第三层次 | |
|---|---|---|---|---|---|---|
| | 2010 年 | 2014 年 | 2010 年 | 2014 年 | 2010 年 | 2014 年 |
| 爱尔兰 | 1 | 1 | 2 | 2 | 8 | 8 |
| 希　腊 | 4 | 4 | 13 | 13 | 51 | 52 |
| 西班牙 | 7 | 7 | 19 | 19 | 59 | 59 |
| 法　国 | 9 | 9 | 26 | 27 | 100 | 101 |
| 克罗地亚 | 1 | 1 | 2 | 2 | 21 | 21 |
| 意大利 | 5 | 5 | 21 | 21 | 110 | 110 |
| 塞浦路斯 | 1 | 1 | 1 | 1 | 1 | 1 |
| 拉脱维亚 | 1 | 1 | 1 | 1 | 6 | 6 |
| 立陶宛 | 1 | 1 | 1 | 1 | 10 | 10 |
| 卢森堡 | 1 | 1 | 1 | 1 | 1 | 1 |
| 匈牙利 | 3 | 3 | 7 | 7 | 20 | 20 |
| 马耳他 | 1 | 1 | 1 | 1 | 2 | 2 |
| 荷　兰 | 4 | 4 | 12 | 12 | 40 | 40 |
| 奥地利 | 3 | 3 | 9 | 9 | 35 | 35 |
| 波　兰 | 6 | 6 | 16 | 16 | 66 | 72 |
| 葡萄牙 | 3 | 3 | 7 | 7 | 30 | 25 |
| 罗马尼亚 | 4 | 4 | 8 | 8 | 42 | 42 |
| 斯洛文尼亚 | 1 | 1 | 2 | 2 | 12 | 12 |
| 斯洛伐克 | 1 | 1 | 4 | 4 | 8 | 8 |
| 芬　兰 | 2 | 2 | 5 | 5 | 19 | 19 |
| 瑞　典 | 3 | 3 | 8 | 8 | 21 | 21 |
| 英　国 | 12 | 12 | 37 | 40 | 139 | 173 |
| 总　计 | 98 | 98 | 272 | 278 | 1 315 | 1 352 |

注：2010 年数据来自《欧盟区域统计年鉴（2014 年）》；2014 年划分结果由作者根据欧盟官方文件（No.868/2014）整理。

三层级标准地域统计单元是欧盟进行区域社会经济状况分析和区域政策制定的基础,其中,第二层次标准地域统计单元为欧盟区域政策和基金指派的重点(Eurostat,2014)。欧盟设立了多项不同功能目的基金,包括欧洲区域发展基金(ERDF)、欧洲社会基金(ESF)、聚合基金(CF)或结构基金(SF)等。这些基金的分配和指派绝大多数基于标准地域统计单元,第一层次标准地域统计单元为分析国别发展差异提供了便利;由于第二层次标准地域统计单元可以区分成员国内部区域性边界,时常作为合理分派各项基金的客观基础,在区域平衡发展中的重要性不言而喻,如欧盟预算单项支出占比最大、占总预算 32.5% 的欧盟区域政策经费(2014—2020 年)将依据第二层次标准地域统计单元中人均 GDP 的排序进行委派;第三层次标准地域统计单元则为欧盟制定特定农业、矿业等区域空间发展规划时提供数据支持。

## 二、经济合作与发展组织(OECD):功能性城市区域

成立于 1961 年的经济合作与发展组织(简称经合组织,英文名简称为 OECD),是第二次世界大战后在马歇尔计划基础上逐步发展起来的,至 2016 年 1 月共有 34 个成员国,国民生产总值约占全世界的 2/3。与世界银行、国际货币基金组织和欧盟不同,经合组织并不提供基金援助,而是促使成员国之间达成没有约束性的建议或具有约束性的条约,推动成员国之间经济、贸易环境的改善。

经合组织每年或在固定月份定期出版年度报告、数据统计、发展展望等各种专业文件,是经合组织各成员国制定政策和相互协商的重要参考文件,形成这些文件的基础则是适用于各成员国的统一的分析单元。类似于欧盟的标准地域统计单元,经合组织于 2011 年推出的"功能性城市区域"(Functional urban area,简写为 FUA)是经合组织克服成员国不同行政区划的限制,统一评估各国城市政策、重构城市空间的积极尝试。

　　根据经合组织的定义,功能性城市区域以城市核心区和由通勤流确定
的、与核心区有高度一体化趋势的经济腹地构成。识别功能性城市区域的
步骤包括(图 8-2-1):

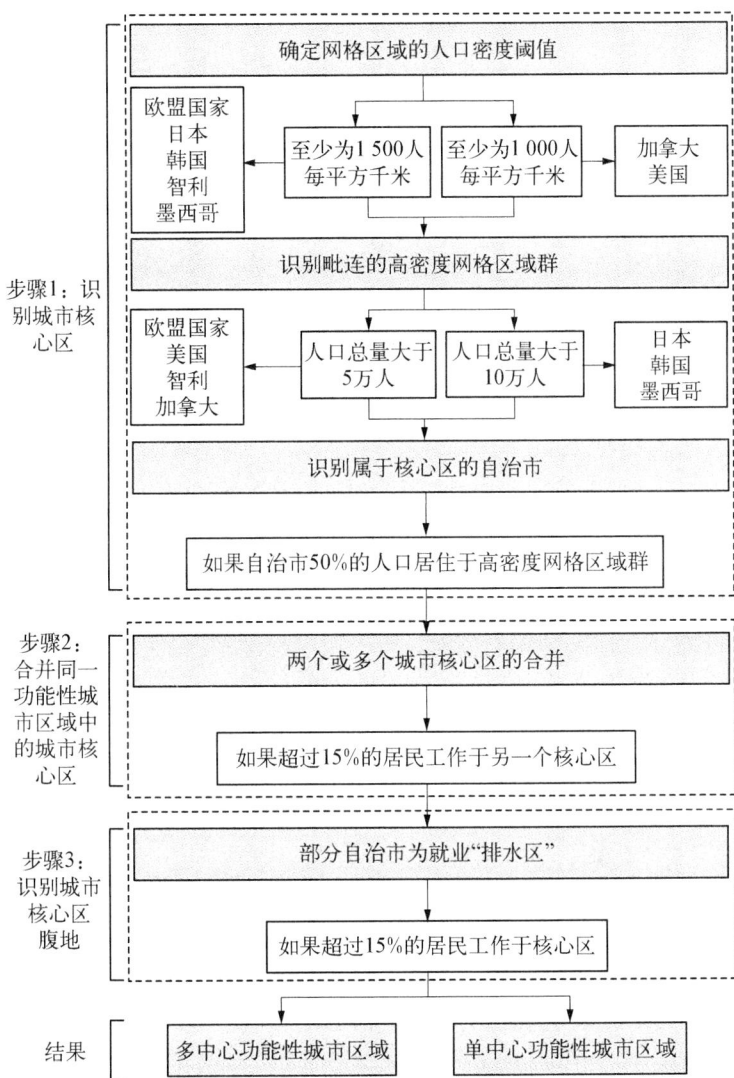

**图 8-2-1　OECD"功能性城市区域"识别步骤**

　　注:根据 OECD 官方文件 Definition of Functional Urban Areas (FUA) for the OECD metropolitan database(2013)整理。

（1）利用栅格化人口数据识别核心区自治市。经合组织将互相毗连的、人口密度超过 1 500 人每平方千米的网格群界定为城市核心区（美国和加拿大为 1 000 人每平方千米）。根据成员国发展的差异，欧盟剔除了欧洲国家、美国、智利、加拿大等国人口总量少于 5 万人的城市核心区，以及日本、韩国、墨西哥等国人口总量少于 10 万人的城市核心区。经合组织另外规定，如果一个自治市中至少 50％的人口居住在城市核心区中，则这个自治市也被视作此城市核心区的构成部分。

（2）合并某些高度一体化的城市核心区。经合组织规定，当某一城市核心区中有超过 15％的人口于另一个城市核心区工作时，即判定两个城市核心区之间有高度的一体化倾向，两者将被合并，作为准城市功能区的两个中心。

（3）界定城市核心区的腹地。如果某一自治市中超过 15％的劳动力于城市核心区工作，那么这一自治市被视作此城市核心区的腹地。为了实现地域的统一，经合组织规定腹地自治市与城市核心区必须相互毗连。腹地可以被看作城市核心区劳动力市场的"下游区"，腹地的范围大小揭示了城市核心区对周边地区的影响范围。基于以上标准，经合组织共识别出 1 179 个功能性城市区域，并将其按照人口规模分为小型功能性城市区域（人口总量小于 20 万人，498 个）、中型功能性城市区域（人口总量处于 20 万～50 万人，406 个）、都市区（人口规模为 50 万～150 万人，198 个）和大型功能性城市区域（人口总量超过 150 万人，77 个）。

与上述典型国家和欧盟相比，经合组织界定功能性城市区域时最主要的创新有两点：

（1）功能性城市区域的基本构成单元是 1 平方千米的地理栅格，而不是成员国已有的某一级别的行政区划。经合组织对跨国界的细分单元的应用，突破了成员国内的行政边界，是基于经济事实识别城市功能地域的有效尝试。

（2）经合组织规定，将地理上并不毗连但功能上一体化趋势明显的城市核心区进行合并。经合组织的这一做法，尤其体现了基于经济联系强度即城市功能划分区域边界的本质，这一点被经合组织视作划分功能性城市区域最重要的创新。

## 第三节　欧美城市空间重组的新趋势
### ——"巨型城市区域"的兴起

全球化背景下的城镇化正在营造一种新空间秩序，城市之间的联系更加紧密，多极多层次的全球城市网络的形成是必然。"巨型城市区域"作为一种全新的现象，经历了一个从中心大城市到邻近小城市的漫长扩散过程，正在当今世界高度城市化地区出现。美国出现的"巨型区域"与欧洲流行的"多中心巨型城市区域"，是基于识别"都市经济区"的新型地理空间和更深层次的城市网络组合。

### 一、美国的"巨型区域（Megaregion）"

2005 年针对市场驱动下各大都市区相互融合的趋势，美国在《2050 区域发展新战略》中启动了"巨型城市区域"这一新的地理单元的研究，提出"超大都市连绵区的概念"，后被正式更名为"巨型区域"。

"巨型区域"与"大都市区"一脉相承，弱化行政边界、强调经济边界。巨型区域以大都市区划分为基础，将具有共享的资源与生态系统、一体化的基础设施系统、密切的经济联系、相似的居住方式和土地利用模式，以及共同的文化和历史作为界定"巨型区域"的标准[1]，并在人口密度、人口增长率和

---

[1] Defining U.S. Megaregions，America 2050. http:// www.america 2050.org/，2009 年 11 月 3 日。

就业率方面有新的要求①。

根据美国 2008 年发布的《美国 2050 巨型区域规划图》，美国巨型区域包括五大湖地区、东北部区域、德州三角地带等 11 个部分，包含美国 70% 左右的人口。

## 二、欧洲的"多中心巨型城市区域(Polycentric Mega-city Region)"

彼得·霍尔(Peter Hall)和凯西·佩恩(Kathy Pain)在《多中心大都市：来自欧洲巨型城市区域的经验》一书中识别了欧洲正在出现的 8 个"多中心巨型城市区域"②(表 8-3-1)。多中心巨型城市区域通过大城市带动欠发达城市共同发展，区域内各构成部分根据自身在技术和专业分工方面的特点形成互补的功能性一体化网络。通过区域内专业化分工与合作，区域内各构成部分逐渐形成共同的区域性文化和政治身份，并由可持续的交通方式相互联结，平衡发展。霍尔强调多中心巨型城市区域是一个弹性系统，城市间互补性高、城市间垂直联系与水平联系兼备、双向流动，呈现城市间水乳交融之势。

表 8-3-1　欧洲八大巨型城市区域

| 巨型城市区域 | 面积(平方千米) | 人口 | 人口变化(%) | 就业 | 就业变化(%) | 包含的功能性城市区域个数 |
|---|---|---|---|---|---|---|
| 英格兰东南部 | 29 184 | 18 984 298 | 13.5 | 904 000 | 32.9 | 51 |
| 兰斯塔德 | 8 757 | 8 575 712 | 7.1 | 4 031 900 | 29 | 25 |
| 比利时中部 | 16 000 | 7 800 000 | 2.6 | 3 320 000 | 10 | 8 |

---

① 人口密度大于 200 人每平方英里；2000—2050 年人口密度预测需增加 50 人每平方英里；人口增长率大于 15%，2020 年总人口预测增加 1 000 人；就业率增加 15%，2025 年总就业岗位预测大于 2 万个。

② 此研究受到西北欧"Interreg Ⅲ B"计划下欧盟委员会基金资助，组成"POLYNET"项目组。根据此项目组的研究，欧洲至少存在 8 个多中心欧洲巨型城市地区：英格兰东南部、兰斯塔德、比利时中部、莱茵-鲁尔地区、莱茵-美茵地区、瑞士北部、巴黎地区和大都柏林。

续　表

| 巨型城市区域 | 面积<br>（平方千米） | 人口 | 人口变化<br>（%） | 就业 | 就业变化<br>（%） | 包含的功<br>能性城市<br>区域个数 |
|---|---|---|---|---|---|---|
| 莱茵-鲁尔 | 11 536 | 11 700 000 | 1.1 | 5 400 000 | 3.4 | 47 |
| 莱茵-美茵 | 8 211 | 4 200 000 | 5.7 | 1 695 000 | 1.7 | 6 |
| 瑞士北部 | 13 700 | 3 500 000 | 7.6 | 2 200 000 | 6.7 | 8 |
| 巴黎区域 | 43 019 | 15 691 730 | 2.9 | 7 660 880 | 3.2 | 30 |
| 大都柏林 | 7 814 | 1 637 267 | 9.3 | 798 515 | 62.9 | 1 |

资料来源：彼得·霍尔（Peter Hall）和凯西·佩恩（Kathy Pain）著，罗震东等译：《多中心大都市：来自欧洲巨型城市区域的经验》，中国建筑工业出版社 2009 年版，第 21 页。

注：人口与就业量为 2000 年或 2001 年数据；人口变化率与就业变化率反映了 1990 年或 1991 年至 2000 年或 2001 年的相关指标的变动情况。

## 三、欧美巨型城市区域的突出特征

巨型城市区域的出现即是经济社会一体化发展的结果，又推动了一体化的进一步深化（Marull and Domenech，2014）。基于都市经济区的识别，美国和欧洲不谋而合地出现的巨型城市区域，代表了新型城市空间重构的趋势。总体来看，欧美巨型城市区域着重体现两大特征：

（1）反极化-异质多中心互补体系。巨型城市区域不仅在城市规模、密度等方面强调多维性，更强调功能上的多中心性。巨型城市区域的发展并不突出某一城市作为单中心在区域内的极化发展，相较而言，它需要各个地区根据自身在技术和专业分工方面的特点形成互补的功能性一体化网络，形成功能性组团空间，协调发展。

（2）网络通达性。巨型城市区域通过非极化发展模式，增强了其内部城市网络的连通性（Marull and Domenech，2014）。城市网络通达性的增强，可以加快城市之间信息流通速度，进一步改变城市网络结构，提高效率并增强此网络的稳定性。进一步地，Marull（2013）通过实证数据证明，加入欧洲巨型城市区的地域,人均 GDP 水平较高,且增加了区域发展的可持续性。

随着巨型城市区域的出现,欧美国家看待城市的视角正在发生变化。从行政区城市,到欧美国家普遍流行的经济区城市,再到巨型城市区域发展趋势,国外实践和研究者看待城市的视角从"一个节点"到"局部劳动市场",再到"城市网络(urban-network)组成的开放系统"(Wilson,2009;Changizi and Destefano,2009)。美国和欧洲近些年开始出现的巨型城市区域分别建立在都市区以及功能性城市地域的基础上,作为一种全新的现象,更加强调都市区或功能性地域之间联系的有机性和网络性,作为整体承担支撑国家或地区经济发展规模和效率、参与国际竞争的压力。

# 第四节　中国重组城市空间的启示

## 一、重组城市空间的必要性

首先,都市经济区以经济活动范围界定其边界,并寻求行政区划和经济一体化趋势相协调,是辅助城市管理的有效手段。正如在以上典型国家中,都市经济区具有引导区域投资、进行项目评定,以及预测劳动市场等多项功能,可以使"有为政府"和"有效市场"在空间内得以有效结合。一方面,行政区划反映了国家权利在地域上的分配(安森东、胡庆平,2014),是国家进行城市管理的重要手段,需要具有一定的稳定性;另一方面,长期固化的行政区划可能产生造成市场分割和资源错配的"行政区经济"。由于都市经济区在维持行政区划不变的情况下,相对客观地反映了经济行为主体活动的一致性和空间分布的完整性,有助于淡化过度依赖行政区干预经济的行为及功能。因此,可以尝试借鉴国际经验,补充类似都市经济区的空间区划辅助城市管理,并配合相应的城市政策,适应经济社会发展趋势。

其次,都市经济区可作为一种辅助的统计单元,丰富中国目前以行政区统计为主要构成部分的城市统计体系,增强国际可对比性。中国行政区划主导的统计体系对及时掌握各级行政单元发展状态、城市研究以及制定合理的收入分配政策等意义重大,然而在快速城镇化过程中,人口流动速度的加快、城市之间出现融合发展趋势等新问题的出现,为城市统计工作提出新的挑战。如江曼琦和席强敏(2015)发现中国城市行政地域范围与基于集聚视角的主要城镇化地区的空间分布存在较大差异,说明中国行政区划不足以客观反映城市发展的现状,以行政单元为基础的城市统计工作意义有限。统计口径的误用往往影响学术研究和对城市发展政策的评估(Chan,2007),通过梳理以上典型国家划分都市经济区的实践,发现美国 1910 年开创的都市区范式已成为国际上城市统计体系的一个重要基准,并作为比较国际城市发展水平的基础。借鉴国际经验,都市经济区作为"非行政"单元,是经济要素在空间上的自组织行为,可以及时反映经济转型和城市化过程中人口空间分布结构,因此,在行政区统计体系基础上,可作为另一维空间统计尺度反映经济运行状态。

## 二、重组城市空间的方法

先发国家的都市经济区识别标准和方法具有共通之处,可以为制定适合中国发展阶段的都市经济区提供经验借鉴。典型国家划分都市经济区的过程主要包括三个关键环节:

第一,选取合适的行政区划层级作为基本考察单元。美国、加拿大、英国和日本分别选取郡县(county)、自治市(municipality)、超级产出区域(Super Output Area),以及市町村(しちょうそん)作为都市经济区的基本构成单元。

第二,选用合适的测度指标和识别标准界定都市区核心区域。从国外划分都市经济区实践来看,除英国通勤区不包含核心区外,美国、加拿大以及日本同时选用人口密度和人口规模作为界定都市经济区核心区域的主要依据，具体指标阈值的大小则根据国内人口密度、规模和分布情况各有变化。

第三，界定都市经济区的外围区域。美国、加拿大、英国和日本均采用通勤率识别区域间经济联系密切程度。根据 Duranton（2015）的研究，通勤率阈值大小与交通方式及其发达程度，以及都市经济区划分结果的阈值敏感性相关。

借鉴以上典型国家的相关经验，可以勾勒中国划分都市经济区的主要思路：

首先，主要以形成"相对独立、系统和完整"的经济活动范围为目的，考虑形成中国的都市经济区。

其次，中国的都市经济区应该可以较好地反映中国快速城镇化过程中形成的人口空间结构，奠定城镇化研究和管理的基础。

再次，基于经济社会一体化的视角，利用人口密度和人口规模指标划分都市经济区具有合理性和可操作性，具体指标大小的选择则需要结合中国城镇化的发展阶段和特点，并尽量囊括中国大部分地域。

最后，构建指标特别是通勤的社会调查数据与高铁、高速公路客运量的大数据，以科学测量地域间紧密联系程度，并形成定期更新制度，以及时捕捉中国城镇化过程中人口流动速度加快、城市间经济关联加强等趋势。

### 三、城市现代治理与可持续发展

随着都市经济区在先发国家的普及和广泛认可，一些新的城市管理机构和方案相应产生。比如成立大都市区政府管理部门、地方政府联合协调组织、设立特别区或专门机构（黄勇等，2001），从而一定程度上克服了跨行政区划管理过程中遇到的"巴尔干化"障碍①。进一步地，都市经济区逐渐成

---

① 一些学者借用欧洲巴尔干半岛上众多小国之间存在的隔离现象，刻画不同行政区之间合作的艰难程度，见 Teaford C. J., *City and suburb: the political fragmentation of metropolitan America*, *1850-1970*, Baltimore: The Jones Hopkins University Press, 1979。

为组织经济活动的重要环节和有效配置各种资源的重要依据。比如,美国经济研究局把都市区视为重要经济活动的综合反映,相关部门以其为重要参考进行项目审定或经费分配;英国的通勤区则成为政府建立劳动市场分析框架、制订就业规划以及进行区域投资评估的重要依据。

中国城市治理应顺应这种趋势,积极探索适合于中国城市发展阶段的都市经济区划分方案;在此基础上设计或调整相应的城市规划和政策,突出要素自由充分流动和资源优化配置导向;同时,加强行政区划和经济活动范围之间的衔接,形成政策设计及操作层面不同管理主体之间有序协作的体制机制,克服经济活动负外部性,提供良好的公共服务,实现城市可持续发展。此外,借鉴国外经验,在都市经济区规划和治理过程中提倡市场精神并鼓励公众参与。

# 第五节　本　章　小　结

先发国家和地区重构城市空间以及城市现代治理的做法可望为类似中国等后发国家提供参照。本章系统总结了先发国家和地区超越行政边界、重新组合城市管理空间的最新实践,并结合当前中国城市发展遇到的一系列问题得出启示。通过总结典型国家和地区实践,发现它们均识别了新的城市空间尺度,作为城市管理和政策实施的基本单元。这种新的空间尺度包括美国"大都市区"、加拿大"大都市人口普查区"、英国"通勤区"、日本"就业区",以及欧盟的"标准地域统计单元",和OECD的"功能性城市区域",虽然名称不同,但都不同程度上克服原有行政区划局限,响应经济活动的自发性、系统性和完整性要求。这类空间尺度实质上可统称为"都市经济区"。进一步地,从"都市经济区"的基本范式看,欧美地区及日本等国家"都市经济区"以及后续出现的"巨型城市区域"的划分标准及识别方法具有共通性,主要是突出人口与就业指标，通行做法是以人口密集区识别"核心区域"、以工作地与居住地间的通勤率界定"外围区域"。从这一意义上讲，"都市经济区"呈现了经济活动主体在理性选择下，相对稳定的空间分布状态，从而成为城市政策制定实施中不同于行政区划的空间尺度依据。

从城市管理的角度，行政区划需要有一定的稳定性，但对处于快速城镇化阶段的中国而言，城市行政地域可能滞后于中国城市转型发展的实践，单以此为依据的城市政策的科学性和有效性也随之降低。都市经济区提供了在维持行政区划不变的基础上一种超越行政边界的城市管理思路。一方面，在维持行政区划相对不变的前提下，都市经济区可以较好地适应并加快经济社会一体化趋势，辅助城市管理；另一方面，作为"非行政统计区"，都市经济区可以弥补中国目前统计手段过于依赖行政区划的不足，为组织经济活动和政策分配提供依据和参考。

2014 年中国常住人口城镇化率为 53.7%，户籍人口城镇化率为 36%，《国家新型城镇化规划（2014—2020）》提出至 2020 年两者将分别达到 60% 和 45% 左右。差异化落户政策以及以城市群为主体形态的城镇化发展模式为都市经济区划分实践与理论探索提供了机遇。相关部门应积极探索形成适合中国城市发展阶段和特点的都市经济区，以加强行政边界和经济活动边界之间的连接，形成现代化的城市管理方案。与此同时，探索"都市经济区"与"巨型城市区域"或"城市群"的交互融合关系，有效补充而非替代现行行政区划，构建健康合理的城市等级体系；还可尝试建立基于"都市经济区""巨型城市区域"或"城市群"的功能性合作或规划框架，在环境治理、公共设施共建共享以及实现城市可持续发展的现代治理等方面实现突破。

# 第九章
# 主要结论与政策启示

本书结合中国特殊的行政区划设计,分别从"城市行政地域"和"城市实体地域"两个空间维度定义了中国收缩城市。基于中国第五次人口普查和第六次人口普查中的常住人口数据,识别了中国"广义的收缩城市"和"狭义的收缩城市",并结合中国快速城镇化过程中人口大规模流动或迁移的背景,初步探究了中国城市收缩的影响因素,并从老工业基地的视角考察了样本观察期内经济转型对我国城市收缩的特殊影响和后果。为了研究城市收缩可能引发的一系列经济社会结构的变化,本书分别从企业 TFP 变化、劳动力小时工资收入差距、城市基本公共服务水平三个方面考察城市收缩对生产活力和消费活力的影响。其后,本书选取"武汉城市圈"作为典型区域进行案例分析,探讨单一城市收缩与区域发展之间的关系。鉴于中国局部地区城市收缩客观上重构了中国人口分布的空间格局,本书最后疏理了典型先发国家和地区基于人口分布划分都市经济区,辅助城市管理的实践和经验,得出中国基于人口空间动态分布,超越城市行政边界,重组城市空间的启示。通过上述工作,初步建立了中国城市收缩分析的理论框架。

## 第一节　主　要　结　论

本书以 2010 年行政区划为标准,根据 2000—2010 年行政区划变动信息,调整了 2 865 个县市(区)的人口规模,在可对比空间单元的维度上识别了中国的收缩城市,作为基础数据,研究了中国城市收缩的空间分布特征、影响因素和经济社会效应。所得出的结论主要包括:

## 一、中国收缩城市的数量和空间分布

本书具体将两次人口普查年间人口增长率为负的地区界定为中国的收缩城市。从城市行政地域范围内,中国 2000—2010 年 337 个地级/副省级行政区中有 90 个出现人口规模下降,占比 26.71%,其中在 287 个地级市中,有 85 个城市出现人口持续下降的现象,即发生了广义的城市收缩现象。为了弥补中国城市行政地域"市辖县"空间过大的缺憾,本书定义了"城市实体地域",即以"人口和经济活动密度较高"为基本特征的"致密而紧凑"的空间。在城市实体地域的空间维度上,继而界定了以市辖区人口增减衡量的中国"狭义的收缩城市":在 271 个地级可用样本中,共识别 24 个狭义的收缩城市。将收缩城市匹配地理信息后,发现中国的收缩城市集中分布于东北地区和长江经济带中游地域;人口增长较快的地区多集中在长三角、珠三角、京津冀及中部地区部分省市。

根据各地级行政区内部县市(区)的人口规模增减情况,本书甄别了中国广义的收缩城市存在的 6 种典型的收缩结构:第一,各县市(区)人口规模均有所增加的"非收缩"结构;第二,各县市(区)人口规模均有所下降的"全收缩"结构;第三,人口流失的县市(区)位于地级/副省级行政单元的某一区位,其余区位的县市(区)人口正增长的"二分法式收缩"结构;第四,行政区范围内仅小块区位出现人口流失的"点部集中式收缩"结构;第五,行政区核心地区县市(区)人口增加,边缘地区县市(区)人口减少的"边缘式收缩"结构;第六,核心县市(区)人口减少,边缘地区县市(区)人口增加的"沙漏式收缩"结构。其中,"边缘式收缩"结构是最为普遍的类型,与中国快速城镇化背景下,人口由乡村向城市的大规模迁徙的趋势相契合。

## 二、中国收缩城市的发展现状

本书对比了收缩城市和非收缩城市人口规模、人口密度、经济效率、财政收支、教育程度等经济社会指标的发展水平。从人口密度和经济规模来看：两次普查年间，收缩城市和非收缩城市的人口密度差距逐渐扩大，至2010年非收缩城市人口密度高出收缩城市27.28%；两组城市人均GDP和单位面积GDP水平均有所提升，2010年非收缩城市人均GDP为收缩城市的1.67倍，单位面积GDP为3.45倍。

从经济结构来看，收缩城市产业结构高级化过程较非收缩城市缓慢。收缩城市第一产业比重高于非收缩城市8.60个百分点，第二产业比重低于非收缩城市6.32个百分点，第三产业比重低于非收缩城市2.34个百分点。产业结构高级化往往与产业附加值率、高新技术利用情况、产业的规模经济和劳动生产率高低密切相关，中国收缩城市产业结构高级化进程缓慢的事实，说明中国收缩城市发展水平、发展阶段和方向与非收缩城市已形成差距。

从社会结构指标来看，两次普查年间，收缩城市的城镇化率（城镇人口占比）虽有提升，但比非收缩城市低10个百分点左右；非收缩城市大专及以上教育水平人口占比高出收缩城市3.37个百分点，比狭义的收缩城市高出4.02个百分点，反映了收缩城市高技能劳动力流失的事实；至2010年，非收缩城市职工平均工资为收缩城市1.14倍。另外，从统计数据来看，2010年收缩城市老龄化程度高出非收缩城市3.42个百分点，狭义的收缩城市则高出非收缩城市4.00个百分点。

综合来看，上述一系列指标显示，与非收缩城市相比，收缩城市，尤其是狭义的收缩城市，拥有较低水平的经济发展效率和社会发展水平。随着人口的持续流失，生产效率、财政收支、产业结构、教育水平和老龄化程度等指标均发生了变化，已表现出愈加鲜明的地区差距。

### 三、经济转型在中国城市收缩中的作用

一般认为,国际收缩城市之所以大量出现的根本原因在于全球背景下,从制造业到服务业的经济转型。因此,国外收缩城市研究案例多为老工业基地,如美国底特律、日本夕张以及法国洛林等。然而,本书实证检验并不支持中国老工业基地出现普遍收缩的结论,描述性统计数据显示一些较大的老工业基地仍在不断集聚人口。因此,本书初步得出结论,在样本观测期间,经济转型在中国城市收缩中的作用并不明显。

一方面,这与在样本观测期间,我国仍处于工业化中后期发展阶段相关,总体上第二产业经济比重仍处于上升阶段,去工业化对老工业基地的影响并不明显;另一方面,老工业基地的发展受到中国特殊的政府主导型经济发展模式的影响。在中国,老工业基地是计划经济时期,由国家投资建设的门类齐全、相对集中的工业城市,由于经济转轨,一些老工业基地呈现结构和技术老化的衰退趋势,于是2003年中共中央、国务院决定实施"振兴东北老工业基地"战略,2007年又将政策延伸到中部老工业基地,促使中国老工业基地城市在最有可能发生人口流失的10年也保持了一定的经济增长活力。

### 四、"广义的收缩城市"和"狭义的收缩城市"经济社会效应的异同

基于可得数据,在本书研究城市收缩与企业TFP、城市收缩与城市基本公共服务的关系时,分别从"广义的收缩城市"和"狭义的收缩城市"两种空间尺度上进行实证检验。本书发现,不同空间尺度下中国城市收缩问题的研究结论不尽相同,因此应更加谨慎地甄别研究结论的适用范围。

在研究城市收缩与企业TFP关系时,"广义的收缩城市"企业TFP略高于非收缩城市,而"狭义的收缩城市"企业TFP统计上显著低于非收缩城市。作为微观活动主体,企业决策往往是在"成本-收益"权衡下,遵循市场

规律的结果。因此,"狭义的收缩城市"企业 TFP 较低,能够表明中国城市收缩过程中出现了生产活力下降的问题。

在研究城市收缩与城市基本公共服务关系时,我们发现,城市收缩显著降低了当地基本公共服务供给总量,但存在空间差异。市辖区人口规模下降的事实将刺激地方政府追加投资,是"人口-公共资源"空间错配的现实表征之一。市辖区人口增加但全市范围人口规模下降的城市,基本公共服务供给滞后于人口集聚,是"人口-公共资源"空间错配的现实表征之二。

## 五、中国城市收缩背后的劳动力"技能分区"问题

本书将中国城市收缩数据匹配个人家庭金融调查数据,研究了城市收缩可能引起的区域不均等问题。研究发现,中国(广义的)收缩城市劳动力小时工资比非收缩城市低 33.08%,说明随着人口在城市之间的迁移,收缩城市和非收缩城市之间可能形成了一种除"城乡"和"东、中、西部"之外的另一种区域差距的类型。

值得关注的是,本书运用实证方法,在控制劳动力个人技能后,这一数值下降为 19.84%。由此证明,两类城市之间劳动力工资差异中,有 1/3 是由劳动力技能不同而导致的,即劳动力选择性流动造成了劳动力技能在不同城市之间的差异,低技能劳动力更容易在收缩城市群居,形成"技能分区"。

同时,我国东、中、西部三大板块劳动力工资差异存在异质性。东部收缩城市比非收缩城市劳动力小时工资低 44.20%,西部为 23.30%,中部为 12.21%。这与不同板块要素集聚能力差异和国家区域发展政策有关:一方面,东部地区具有较强的资源自给能力,人口在城市之间的流动形成了较为明显的集聚发展的趋势;另一方面,西部地区在国家区域平衡政策的影响下,有计划地引导企业在西部投资建厂,形成要素集聚点。已有学者证明,产业集聚拉大了区域不均等程度,集聚程度越高,不均等程度越大。另外,

实证结果发现劳动力受教育程度的差异是造成三大区域中两类城市劳动力工资差异的重要原因。

# 第二节 政策启示与研究展望

伴随经济增长速度放缓、经济结构转型以及要素和投资驱动力的转变，中国改革开放以来高速、长期的增长在部分地区已不可持续，局部地区以持续的人口减少为核心特征的城市收缩成为城市发展的"新常态"。基于本书研究结论，尝试提出以下几点政策启示和展望：

## 一、政策启示

### (一) 重视中国局部地区出现的城市收缩现象

中国过去 30 多年快速经济增长的条件，一是改革开放带来的巨大经济活力的释放；二是生产要素中中国廉价劳动力的禀赋。经济新常态下改革开放经济势能的下降、人口红利的终结，加之国际环境竞争因素的增强，都使中国城市增长的条件发生变化。根据本书研究，中国局部地区城市收缩现象已普遍存在，中国地级/副省级行政单元收缩率为 26.71%，且有 29.89% 收缩城市的市辖区存在人口减少的压力，主要集中在中国东北地区和长江经济带中上游地区。

需要改变"城市必须增长"的思维模式，关注人口流失现象。在收缩城市的未来发展规划中，应采取"适应"收缩的态度（Sousa and Pinho，2015），将收缩视为一种不可回避的后果，不要客观忽视收缩，也不要主观轻视收缩，积极应对收缩城市可能引发的危机。

### (二) 注重人口空间分布结构对城市发展造成的影响

从全国范围内，人口增长最明显的城市集中分布于中国增长极地区，如长三角、珠三角、京津冀，人口下降最明显的城市集中在内蒙古北部、甘肃南部、重庆、贵州、湖北、安徽、江苏以及福建西北部。以中小城市为主的收缩城市的普遍存在，对中国"以大城市为中心、中小城市为重点、城镇为依托"的城镇体系的健康发展构成威胁。

从地级行政区范围内，在快速城镇化进程中，人口大量从农村向城市迁移，市辖区和周围县市人口增减是人口在空间上重新分配的结果。市辖区人口的减少意味着城市集聚能力和人力资本质量的下降，造成企业 TFP 降低。因此，未来人口和城市发展政策，在关注人口总量增减的同时，应更加关注人口空间分布结构的变化，促进人口在局部地域的有效集聚。

(三) 结合特定区域的发展，研究区域内部城市收缩问题

城市的发展寓于区域之中，应以区域的、协同发展的视角看待收缩。以武汉城市圈为例，基于我们的数据，构成武汉城市圈的 6 个地级市和 3 个县级市中，除武汉和鄂州外，其余 7 市均发生了不同程度的收缩，武汉城市圈内出现明显的单极化发展的趋势。从单一城市的视角看，如黄冈市，全市人口下降 13.32％，市辖区人口也减少了 1.82％，其人口密度、城镇化率、人均固定资产投资等发展指标均劣于城市圈均值；但从区域的视角看，外围城市人口规模虽然下降，但提高了核心城市的要素集聚程度，某种程度上提升了整个区域的经济效率。因此，单一城市的收缩必须结合其所处区域的发展进行综合评价，避免过分贬低，同时应因地制宜，转型发展。

(四) 应制定"适应性"规划，以应对可能出现的城市衰退问题

城市收缩增加了"城市衰退"的可能性，直接影响包括如"城市贫困""犯罪率上升""住房市场萎缩""经济衰退""就业萎缩""基础设施维护成本上升效益降低"等诸多方面。另外，城市收缩带来的更深层次的精神上和文化上的间接衰退，如城市高级人才、企业家的流失以及由此导致的城市自我价值的丧失，"创新精神""城市活力""企业家精神""自信心""荣耀感"和"城市文化"等这些城市发展的内在动力会在衰落中丧失。

同时,"城市收缩"是一把双刃剑,可能带来"人居环境质量的提高"。在我国"土地城镇化"遭遇拐点的情况下,城市收缩给大城市提供了在增长阶段中难以企及的生态、环境、空间、住房和交通改善机遇。如收缩的建成区给濒危物种提供更多的栖息空间,闲置土地增加了获取本地生产食物的机会;人口密度的下降,通过改造破旧建筑和环境可以获得更多的私人和公共空间,邻里之间能够整理出更多的绿色空间;高峰交通量减少缓解了交通拥挤。另外,收缩的心态和文化艺术基因使收缩地区常能孕育出富有个性的城市亚文化。

在局部地区城市收缩普遍存在的情况下,应结合中国快速城镇化背景,因势利导人口分布,制订适应性规划。可以借鉴 Hollander 和 Németh (2011)提出的所谓"精明收缩"的概念,以"更少的人、更少的建筑,以及更少的土地利用"的理念,实现"更合理的人口空间分布、更精致的城市建筑文化,以及更高效的土地利用效率"的城市发展。

(五)借鉴国际经验,应对中国城市收缩问题

中国局部地区城市收缩现象虽已普遍存在,但"收缩"是被管理者和规划师所忽视甚至抵触的现象,如何进行"收缩的规划"还为增长的主流所忽视,规划实践上人口必须增长的桎梏观念还鲜有突破,需要吸收国外应对城市收缩的经验,制定新的规划范式和管理策略。

国外收缩城市消除衰退威胁的手段主要有两个方面:一是寻找新的经济增长点吸引资金流入;二是打造绿色宜居城市吸引人口流入(表9-2-1)。

表9-2-1　国外典型城市应对城市收缩的规划案例

| 城市 | 美国 Pittsburgh | 美国 Youngtown | 法国 Saint-Denis |
|------|----------------|----------------|------------------|
| 战略 | 保持竞争力(第二次世界大战后—1980);寻找多样的城市经济功能(1980—2000);大项目带动城市中心(2000—) | 对接区域经济结构新环境;成为适合居住和工作的城市 | 吸引投资、提高人口生活质量和挽救房地产市场 |

续　表

| 城市 | 美国 Pittsburgh | 美国 Youngtown | 法国 Saint-Denis |
|---|---|---|---|
| 政策 | 1. 拆除酒曲建设新区；2. 利用文化体育设施大项目带动经济的多样化发展；3. 在城市中心引入大型高端商业体 | 1. 将其发展成为中小城市可持续发展的样本城市；2. 提升城市形象与居民生活质量 | 1. 大量建造社会住宅和公租房；2. 努力减少社会隔离，注重社会融合；3. 吸引研发企业维持经济活力 |

| 城市 | 澳大利亚 Mount Isa | 日本 Yubari | 加拿大 Sudbury |
|---|---|---|---|
| 战略 | 打造服务业中心和新知识经济体 | 通过发动市民活动解决城市财政问题 | 依托信息技术和高科技采矿技术发展 |
| 策略 | 1. 加强城市在区域中的服务业中心地位；2. 在旧矿区发展旅游业；3. 依托科技企业进行密集的采矿技术创新 | 1. 政府收购并翻新关闭矿区大量住房；2. 公私合营开发"煤炭历史主题公园"旅游；3. 社区组织和工会帮助政府管理城市 | 1. 建立电话呼叫中心；2. 吸引高技术企业，支持采矿配套和服务企业发展 |

资料来源：作者根据文献整理。

**（六）特别关注城市收缩过程中出现的"劳动力技能分区"问题**

人口的持续下降不仅降低了城市的人口数量，同时由于劳动力的流动具有自我选择性，高技能和更健康的劳动力更容易流失，造成低素质劳动力人口在收缩城市的集聚，进一步强化收缩。因此，伴随着人口空间分布结构转变，城市收缩可能形成了除城乡和东中西地域差异外的另一种类型的区域不均等，即劳动力技能在收缩城市和非收缩城市之间出现明显差异。这一问题将对中国城镇体系的健康发展造成威胁。未来的城市发展政策应通过高技能人才专项补贴、培育与本地优势产业匹配的专门人才等措施，遏制人口净流出地区人口素质持续下降的趋势，为城市创新发展做好智力准备。

## 二、研究展望

城市收缩具有经济发展的历史阶段性。本书的样本观察期是 2000—2010 年间，属于中国工业化和城镇化快速发展的历史时期，因此识别的中国收缩城市具有这一特殊阶段的特点。必须指出，这一时期所识别的收缩城市,在下一个历史时期将随着中国的经济发展和区域导向政策的变化而有所改变。特别是随着中国农业生产率的提高,当绝大多数农业剩余劳动力转移至现代工业部门之后,中国"广义的收缩城市"的识别将更多地体现相对独立的城市行政地域之间发展水平的差异,同时也体现各行政区行政力量对经济发展的客观参与程度。因此,对中国城市收缩问题的研究将是动态的,前一个历史时期构成了下一个历史阶段的发展基础,但不能全部囊括下一历史阶段发展的内容。需要利用最新普查统计数据,对中国城市收缩的现状、空间分布、经济和社会结构的变化进行跟踪。

另外,中国城市收缩归根结底是经济发展的一种宏观表象,需要继续探索在其背后隐藏着的中国经济发展的历史规律。从微观上,将劳动力视为一种生产要素,收缩城市的形成是生产要素在更大空间内自由流动形成的资源配置的结果。在城市收缩的过程中,劳动要素和资本要素重新分工组合,从一种均衡逐渐过渡到另一种均衡。从中观上,中国城市收缩的过程伴随着产业结构的高级化、合理化运动,包括产业结构调整、产业转移,形成了空间上不同区位上的经济增长点。从宏观上,城市收缩伴随着中国城镇体系和城市功能的转化和发展。本书回答了中国城市收缩的状态、可能引发的经济社会效应,对城市收缩背后隐藏的经济机理仍需进一步深入探索。未来应着重完善中国城市收缩问题的研究框架,进一步结合土地利用效率、资本投资回报率、劳动力个人决策、资本-劳动要素匹配等信息,探索收缩城市发展规律,客观地预测城市衰败或城市更新的轨迹。总之,本书的研究是一个开端,城市收缩提供了一种新的研究框架,正等待你我继续探索。

# 参考文献

［1］Anja，B. N.，2016，"Tackling human capital loss in shrinking cities：urban development and secondary school improvement in eastern Germany"，*European Planning Studies*，24(5)，pp.865－883.

［2］Anderson，G.，Ge，Y.，2005，"The Size Distribution of Chinese Cities"，*Regional Science and Urban Economics*，35(6)，pp.756－776.

［3］Blanco，H, Alberti，M, Forsyth，A, Krizek，K. J.，Rodriguez，D. A.，Talen，E.，Ellis，C. 2009，"Hot，Congested，Crowded and Diverse：Emerging Research Agendas in Planning"，*Progress in Planning*，71(4)，pp.153－205.

［4］Beauregard，R. A.，2011，"Space of Shrinking：United States，1950－2000"，Presented at the International RC21 Conference，Session 25.1，Changing Urban Geographies of Growth and Decline.

［5］Beauregard，R. A.，2009，"Urban Population Loss in Historical Perspective：United States，1820－2000"，*Environment and Planning A*，41(3)，pp.514－528.

［6］Bleakley，H.，Lin，J.，2012，"Thick-market effects and churning in the labor market：Evidence from US cities"，*Journal of Urban Economics*，72(2－3)，pp.87－103.

［7］Buch，T.，Hamann，S.，Niebuhr，A.，et al.，2014，"What makes cities attractive? The determinants of urban labor migration in Germany"，*Urban Studies*，51(9)，pp.1960－1978.

［8］Carlino，G. A. and Saiz，A.，2008，"Beautiful City：Leisure Amenities and Urban Growth". FRB of Philadelphia Working Paper. http://ssrn. com/abstract = 1280157，No.08－22.

[ 9 ] Chen, Y, Rosenthal, S. S., 2008, "Local amenities and life-cycle migration: Do people move for jobs or fun?", *Journal of Urban Economics*, 64 ( 3 ), pp.519 – 537.

[10] Combes, P. P., Duranton, G., Gobillon, L., Roux, S., 2012, "Sorting and local wage and skill distributions in France", *Regional Science and Urban Economics*, 42(6), pp.913 – 930.

[11] Couch, C., Cocks, M., 2013, "Housing vacancy and the shrinking city: trends and policies in the UK and the city of Liverpool", *Housing Studies*, 28 ( 3 ), pp.499 – 519.

[12] Clark, T. N., Lloyd, R., Wong, K. K., Jain, P., 2002, "Amenities drive urban growth", *Journal of Urban Affairs*, 25(5), pp.493 – 515.

[13] Deng, C., Ma, J., 2015, "Viewing urban decay from the sky: a multi-scale analysis of residential vacancy in a shrinking U. S. city", *Landscape and Urban Planning*, 141(9), pp.88 – 99.

[14] Daldrup, E. L., 2000, "Die, NDie Neue Gründerzeit Veränderte Rahmenbedingungen erfordern neueStrategien in der Stadtentwicklung", *Raumplanung Dortmund*, 91, pp.164 – 167.

[15] Desmet, K., Rossi-Hansberg, E., 2013, "Urban Accounting and Welfare", *American Economic Review*, 103(6), pp.2296 – 2327.

[16] Duranton, G., Puga, D., 2000, "Diversity and specialization in cities: why, where and when does it matter?", *Urban Studies*, 37(3), pp.533 – 555.

[17] Diamond, R., 2016, "The Determinants and Welfare Implications of US Workers' Diverging Location Choices by Skill: 1980 – 2000", *American Economic Review*, 106(3), pp.479 – 524.

[18] Fischer, C. S., 1995, "The Subcultural Theory of Urbanism: A Twentieth-Year Assessment", *American Journal of Sociology*, 101(3), pp.543 – 577.

[19] Fujita, M., Krugman, P., Mori, T., 1999, "On the Evolution of Hierarchical Urban Systems 1", *European Economic Review*, 43(2), pp.209 – 251.

[20] Fallah, B. N., Partridge, M. D., Olfert, M. R., 2011, "Urban Sprawl and Productivity: Evidence from US Metropolitan Areas", *Papers in Regional Science*, 90(3), pp.451 – 472.

[21] Fol, S., 2012, "Urban Shrinkage and Socio-Spatial Disparities: Are the Remedies

Worse than the Disease?", *Built Environment*, 38(2), pp.259 – 275.

[22] Frazier, A. E., Bagchi-Sen, S., Knight, J., 2013, "Then spatio-temporal impacts of demolition land use policy and crime in a shrinking city", *Applied Geography*, 41, pp.55 – 64.

[23] Frazier, A. E., Bagchi-Sen. S., 2015, "Developing open space networks in shrinking cities", *Applied Geography*, 59(1), pp.1 – 9.

[24] Fritsche, M., Langner, M., Köhler, H., et al., 2007, Shrinking cities — A new challenge for research in urban ecology, In Langner M, Endlicher M (Eds.). Shrinking cities effects on urban ecology and challenges for urban development (pp.17 – 33). Bern: Peter Lang, 2007.

[25] Glaeser, E.L., Gyourko, J., 2005, "Urban decline and durable housing", *Journal of Political Economy*, 113(2), pp.345 – 375.

[26] Glaeser, E. L., Saiz, A., 2004, "The Rise of The Skilled City", *Brookings-Wharton Papers on Urban Affairs*, 5, pp.47 – 94.

[27] Glaeser, E. L., Kolko, J., Saiz, A., 2001, "Consumer city", *Journal of Economic Geography*, 1, pp.27 – 50.

[28] Gospodini, A., 2012, "Economic Crisis and the Shrinking Greek Cities", *1st International Conference on Architecture & Urban Design*, pp.685 – 702.

[29] Granser, R., Piro, R., 2012, Parallel Patterns of Shrinking Cities and Urban Growth: Spatial Planning for Sustainable Development of City Regions and Rural Areas, UK: Ashgate.

[30] Häußermann, H., Siebel, W., 1988, Die schrumpfende stadt und die stadtsoziologie, Soziologische Stadtforschung, Verlag für Sozialwissenschaften.

[31] Hasse, D., Hasse, A., Rink, D., 2014, "Conceptualizing the Nexus between urban shrinkage and ecosystem services", *Landscape and Urban Planning*, 132, pp.159 – 169.

[32] Hollander, J.B., Németh, J., 2011, "The bounds of smart decline: a foundational theory for planning shrinking cities", *Housing Policy Debate*, 21 (3), pp.349 – 367.

[33] Kanemoto, Y., Tokuoka, K., 2002, "The proposal for the standard definition of the metropolitan areas in Japan", *Journal of Applied Regional Science*, 7, pp.1 – 15.

[34] Leetmaa, K., Kriszan, A., Nuga, M., Burdack, J., 2015, "Strategies to Cope with Shrinkage in The Lower End of The Urban Hierarchy in Estonia and Central Germany", *European Planning Studies*, 23(1), pp.147 - 165.

[35] Levinsohn, J., Petrin, A., 2003, "Estimating production functions using inputs to control for unobservables", *The Review of Economic Studies*, 70 (2), pp.317 - 341.

[36] Lucas, R., 1988, "On the mechanics of economic development", *Journal of Monetary Economics*, 22(1), pp.3 - 42.

[37] Martinez-Fernandez C., Wu, C.-T., Laura, K.S., Taira, N., Vargas-Hernandez, J. G., 2012, "The Shrinking Mining City: Urban Dynamics and Contested Territory", *International Journal of Urban and Regional Research*, 36.2(3), pp.245 - 260.

[38] Marshall, A., 1890, Principles of economics, London : Macmillan.

[39] Mykhnenko, V., Turok, I., 2008, "East European Cities — Patterns of Growth and Decline, 1960 - 2005", *International Planning Studies*, 13(4), pp.311 - 342.

[40] Nelle, A. B., 2016, "Tackling human capital loss in shrinking cities: urban development and secondary school improvement in Eastern Germany", *European Planning Studies*, 24(5), pp.865 - 883.

[41] Oswalt, P., 2005, Shrinking cities(volume 1): International research, Ostfildern-Ruit: Hatje Cantz.

[42] Oswalt, P, and Rienitz, T., 2006, Atlas of shrinking cities. Ostfildern-Ruit: Hatje Cantz.

[43] Olley, S., Pakes, A., 1996, "The dynamics of productivity in the telecommunications equipment industry", *Econometrica*, 64(6), pp.1263 - 1297.

[44] Puderer, H., 2008, "Defining and Measuring Metropolitan Areas: A Comparison Between Canada and the United States", Geography Working Paper Series.

[45] Poncet, S., 2003, "Measuring Chinese domestic and international integration", *China Economic Review*, 14(1), pp.1 - 21.

[46] Rappaport, J., 2007, "Moving to nice weather", *Regional Science and Urban Economics*, 37(3), pp.375 - 398.

[47] Reckien, D., Martinez-Fernandez, C., 2011, "Why Do Cities Shrink?", *European Planning Studies*, 19(8), pp.1375 - 1397.

［48］Rodriguez-Pose，A.，Ketterer，T. D.，2012，"Do local amenities affect the appeal of regions in Europe for migrants?"，*Journal of Regional Science*，52（41），pp. 535‒561.

［49］Rosenthal，S. S.，Strange，W. C.，2001，"The determinants of agglomeration"，*Journal of Urban Economics*，50(2)，pp.91‒229.

［50］Romer，P. M.，1986，"Increasing returns and long-run growth"，*Journal of Political Economy*，94(5)，pp.1002‒1037.

［51］Schilling，J.，Logan，J.，2008，"Greening the rust belt：a green infrastructure model for right sizing America's shrinking cities"，*Journal of the American Planning Association*，74(4)，pp.451‒466.

［52］Sousa，S.，Pinho，P.，2015，"Planning for shrinkage：Paradox or paradigm".*European planning studies*，23(1)，pp.12‒32.

［53］Shapiro，J.M.，2006，"Smart Cities：Quality of Life，Productivity，and the Growth Effect of Human Capital"，*Review of Economics & Statistics*，88（2），pp.324‒335.

［54］Turok，I.，Mykhnenko，V.，2007，"The trajectories of European cities，1960‒2005"，*Cities*，24(3)，pp.165‒182.

［55］Ullman，E. L.，1954，"Amenities as a Factor in Regional Growth"，*Geographical Review*，44(1)，pp.119‒132.

［56］Wirth，L.，1938，"Urbanism as a way of life"，*American Journal of Sociology*，44(1)，pp.1‒24.

［57］Wiechmann，T.，Pallagst，K. M.，2012，"Urban shrinkage in Germany and the USA：a comparison of transformation patterns and local strategies"，*International Journal of Urban and Regional Research*，36(2)，pp.61‒80.

［58］Wiechmann，T.，Bontje，M.，2015，"Responding to Tough Times：Policy and Planning Strategies in Shrinking Cities"，*European Planning Studies*，23(1)，pp.1‒11.

［59］Xu，Z.，Zhu，N.，2009，"City Size Distribution in China：Are Large Cities Dominant?"，*Urban Studies*，46(10)，pp.2159‒2185.

［60］安森东、胡庆平：《中外行政区划比较研究及其启示》，《行政管理改革》2014 年第 3 期。

［61］［英］K. J. 巴顿，上海社会科学院部门经济研究所城市经济研究室译：《城市经济

学：理论和政策》，商务印书馆 1984 年版。

[62] 蔡翼飞、张车伟：《地区差距的新视角：人口与产业分布不匹配研究》，《中国工业经济》2012 年第 5 期。

[63] 陈良文、杨开忠：《产业集聚、市场结构与生产率——基于中国省份制造业面板数据的实证研究》，《地理科学》2008 年第 3 期。

[64] 陈斌开、张鹏飞、杨汝岱：《政府教育投入、人力资本投资与中国城乡收入差距》，《管理世界》2010 年第 1 期。

[65] 陈妤凡、王开泳：《撤县(市)设区对城市公共服务配置和空间布局的影响与作用机理》，《经济地理》2019 年第 5 期。

[66] 钞小静、沈坤荣：《城乡收入差距、劳动力质量与中国经济增长》，《经济研究》2014 年第 6 期。

[67] 蔡秀云、李雪、汤寅昊：《公共服务与人口城市化发展关系研究》，《中国人口科学》2012 年第 6 期。

[68] 杜小敏、陈建宝：《人口迁移与流动对我国各地区经济影响的实证分析》，《人口研究》2010 年第 3 期。

[69] 段成荣、杨舸：《我国流动人口的流入地分布变动趋势研究》，《人口研究》2009 年第 6 期。

[70] 丁元竹、江汛清：《社会公共服务供给与社会管理体制安排》，《理论与现代化》2006 年第 5 期。

[71] 范剑勇、冯猛、李方文：《产业集聚与企业全要素生产率》，《世界经济》2014 年第 7 期。

[72] 范红忠、张婷、李名良：《城市规模、房价与居民收入差距》，《当代财经》2013 年第 12 期。

[73] 方创琳、张永姣：《中国城市一体化地区形成机制、空间组织模式与格局》，《城市规划学刊》2014 年第 6 期。

[74] 高丰、宁越敏：《中国大都市区界定探讨——基于"五普"分县数据的分析》，《世界地理研究》2007 年第 1 期。

[75] 高虹：《城市人口规模与劳动力收入》，《世界经济》2014 年第 10 期。

[76] 高舒琦：《收缩城市研究综述》，《城市规划学刊》2015 年第 3 期。

[77] 顾朝林：《中国城市经济区划分的初步研究》，《地理学报》1991 年第 2 期。

[78] 甘犁：《中国家庭金融调查报告》，西南财经大学出版社 2012 年版。

[79] 黄鹤：《精明收缩：应对城市衰退的规划策略及其在美国的实践》，《城市与区域规划研究》2011 年第 3 期。

[80] 黄玮婷：《英国城市收缩现象的经验及启示》，《规划师》2014 年第 5 期。

[81] 侯慧丽：《城市公共服务的供给差异及其对人口流动的影响》，《中国人口科学》2016 年第 1 期。

[82] 江曼琦、席强敏：《中国主要城市化地区测度——基于人口聚集视角》，《中国社会科学》2015 年第 8 期。

[83] [美]刘易斯·芒福德，宋俊岭、倪文彦译：《城市发展史——起源、演变和前景》，中国建筑工业出版社 2005 年版。

[84] 刘乃全、孙海鸣：《上海产业结构、人口、就业的互动关系研究》，《财经研究》2003 年第 1 期。

[85] 刘玉博、李鲁、张学良：《超越城市行政边界的都市经济区划分：先发国家实践及启示》，《城市规划学刊》2016 年第 5 期。

[86] 刘玉博、张学良、吴万宗：《中国收缩城市存在生产率"悖论"吗？基于人口总量和分布的分析》，《经济学动态》2017 年第 1 期。

[87] 刘传江、董延芳：《异质人力资本流动与区域经济发展——以上海市为例》，《中国人口科学》2007 年第 4 期。

[88] 刘君德：《中国转型期"行政区经济"现象透视——兼论中国特色人文-经济地理学的发展》，《经济地理》2006 年第 6 期。

[89] 刘生龙、胡鞍钢：《交通基础设施与中国区域经济一体化》，《经济研究》2011 年第 3 期。

[90] 龙瀛、吴康、王江浩：《中国收缩城市及其研究框架》，《现代城市研究》2015 年第 9 期。

[91] 李郇、杜志威、李先锋：《珠江三角洲城镇收缩的空间分布与机制》，《现代城市研究》2015 年第 9 期。

[92] 李晓萍、李平、吕大国、江飞涛：《经济集聚、选择效应与企业生产率》，《管理世界》2015 年第 4 期。

[93] 李国平、范红忠：《生产集中、人口分布与地区经济差异》，《经济研究》2003 年第 11 期。

[94] 李翔、陈可石、郭新：《增长主义价值观转变背景下的收缩城市复兴策略比较——以美国与德国为例》，《国际城市规划》2015 年第 2 期。

[95] 李唐、韩笑、余凡：《企业异质性、人力资本质量与全要素生产率——来自 2015 年广东制造业企业-员工匹配调查的经验证据》，《武汉大学学报》（哲学社会科学版）2016 年第 1 期。

［96］梁文泉、陆铭：《城市人力资本的分化：探索不同技能劳动者的互补和空间集聚》，《经济社会体制比较》2015 年第 3 期。

［97］梁琦、李建成、陈建隆：《异质性劳动力区位选择研究进展》，《经济学动态》2018 年第 4 期。

［98］林李月、朱宇：《流动人口城市间流动的时空结构特征及其性别差异：基于福建省的实证研究》，《地理科学》2015 年第 6 期。

［99］吕昭河：《人口流动的政治经济学含义》，《经济学动态》2012 年第 8 期。

［100］陆铭、高虹、佐藤宏：《城市规模与包容性就业》，《中国社会科学》2012 年第 10 期。

［101］孟兆敏、吴瑞君：《人口变动与公共服务供给的适应性分析——以上海市为例》，《人口与社会》2013 年第 1 期。

［102］宁光杰：《中国大城市的工资高吗？——来自农村外出劳动力的收入证据》，《经济学(季刊)》2014 年第 3 期。

［103］倪鹏飞、杨华磊、周晓波：《经济重心与人口重心的时空演变——来自省会城市的证据》，《中国人口科学》2014 年第 1 期。

［104］彭文斌、刘友金：《我国东中西三大区域经济差距的时空演变特征》，《经济地理》2010 年第 4 期。

［105］彭国华：《技术能力匹配、劳动力流动与中国地区差距》，《经济研究》2015 年第 1 期。

［106］任乐：《异质性人力资本对区域经济耦合的关联分析——基于河南省 18 地市的数据检验》，《经济管理》2014 年第 7 期。

［107］阮荣平、刘力、郑风田：《人口流动对输出地人力资本影响研究》，《中国人口科学》2011 年第 1 期。

［108］宋月萍：《流动人口家庭成员年龄构成、公共服务与消费研究》，《人口与发展》2019 年第 2 期。

［109］孙浦阳、韩帅、许启钦：《产业集聚对劳动生产率的动态影响》，《世界经济》2013 年第 3 期。

［110］孙晓华、郭玉娇：《产业集聚提高了城市生产率吗？——城市规模视角下的门限回归分析》，《财经研究》2013 年第 2 期。

［111］孙平军、丁四保：《人口-经济-空间视角的东北城市化空间分异研究》，《经济地理》2011 年第 7 期。

［112］沈能、赵增耀、周晶晶：《生产要素拥挤与最优集聚度识别——行业异质性的视角》，《中国工业经济》2014 年第 5 期。

[113] 邵琳：《人力资本与区域经济增长》，《人口学刊》2014 年第 2 期。

[114] 唐为、王媛：《行政区划调整与人口城市化：来自撤县设区的经验证据》，《经济研究》2015 年第 9 期。

[115] 吴康、龙瀛、杨宇：《京津冀与长江三角洲的局部收缩：格局、类型与影响因素识别》，《现代城市研究》2015 年第 9 期。

[116] 吴伟平、刘乃全：《异质性公共支出对劳动力迁移的门槛效应：理论模型与经验分析》，《财贸经济》2016 年第 3 期。

[117] 魏后凯：《中国城镇化进程中两极化倾向与规模格局重构》，《中国工业经济》2014 年第 3 期。

[118] 魏后凯、蒋媛媛、邬晓霞：《我国老工业基地振兴过程中存在的问题及政策调整方向》，《经济纵横》2010 年第 9 期。

[119] 温婷、林静、蔡建明、杨振山、丁悦：《城市舒适性：中国城市竞争力评估的新视角及实证研判》，《地理研究》2016 年第 2 期。

[120] 王子成：《农村劳动力外出降低了农业效率吗?》，《统计研究》2015 年第 3 期。

[121] 王青云：《我国老工业基地城市界定研究》，《宏观经济研究》2007 年第 5 期。

[122] 王放：《对北京市郊区化问题的进一步探讨》，《人口研究》2010 年第 2 期。

[123] 王春兰、杨上广：《上海人口郊区化与新城发展动态分析》，《城市规划》2015 年第 4 期。

[124] 王卫、张宗益、徐开龙：《劳动力迁移对收入分配的影响研究——以重庆市为例》，《人口研究》2007 年第 6 期。

[125] 夏良科：《人力资本与 R&D 如何影响全要素生产率——基于中国大中型工业企业的经验分析》，《数量经济技术经济研究》2010 年第 4 期。

[126] 夏杰长、张晓欣：《我国公共服务供给不足的财政因素分析与对策探讨》，《经济研究参考》2007 年第 5 期。

[127] 徐博、庞德良：《增长与衰退：国际城市收缩问题研究及对中国的启示》，《经济学家》2014 年第 4 期。

[128] 徐博、庞德良：《从收缩到再增长：莱比锡与利物浦城市发展的比较研究》，《经济学家》2015 年第 7 期。

[129] 夏怡然、陆铭：《城市间的"孟母三迁"——公共服务影响劳动力流向的经验研究》，《管理世界》2015 年第 10 期。

[130] 谢守红：《广州市人口空间分布变动与郊区化研究——兼与北京、上海的比较》，《人口与经济》2007 年第 1 期。

[131] 谢里、谌莹、邝湘敏：《产业集聚拉大了地区收入差距吗？——来自中国制造业的经验证据》，《经济地理》2012 年第 2 期。

[132] 许政、陈钊、陆铭：《中国城市体系的"中心-外围模式"》，《世界经济》2010 年第 7 期。

[133] 项本武、张鸿武、王珅：《人力资本积累对城市规模扩张的影响——基于中国地级及以上城市面板数据的实证检验》，《中南财经政法大学学报》2012 年第 6 期。

[134] 邢春冰、贾淑艳、李实：《教育回报率的地区差异及其对劳动力流动的影响》，《经济研究》2013 年第 11 期。

[135] 杨东峰、殷成志：《如何拯救收缩的城市：英国老工业城市转型经验及启示》，《国际城市规划》2013 年第 6 期。

[136] 余壮雄、杨扬：《大城市的生产率优势：集聚与选择》，《世界经济》2014 年第 10 期。

[137] 余靖雯、陈晓光、龚六堂：《财政压力如何影响了县级政府公共服务供给？》，《金融研究》2018 年第 1 期。

[138] 于潇：《建国以来东北地区人口迁移与区域经济发展分析》，《人口学刊》2006 年第 3 期。

[139] 喻忠磊、唐于渝、张华等：《中国城市舒适性的空间格局与影响因素》，《地理研究》2016 年第 9 期。

[140] 杨振山、孙艺芸：《城市收缩现象、过程与问题》，《人文地理》2015 年第 4 期。

[141] 詹浩勇：《我国产业结构变迁与就业的互动关系探讨》，《现代经济探讨》2010 年第 1 期。

[142] 张学良、刘玉博、吕存超：《中国城市收缩的背景、识别与特征分析》，《东南大学学报》（哲学社会科学版）2016 年第 4 期。

[143] 邹湘江、吴丹：《人口流动对农村人口老龄化的影响研究——基于"五普"和"六普"数据分析》，《人口学刊》2013 年第 4 期。

[144] 周一星：《关于明确中国城镇概念和城镇人口统计口径的建议》，《城市规划》1986 年第 3 期。

[145] 周一星：《中国城镇的概念和城镇人口的统计口径》，《人口与经济》1989 年第 1 期。

[146] 周一星、史育龙：《解决我国城乡划分和城镇人口统计的新思路》，《统计研究》1993 年第 2 期。

[147] 周一星、史育龙：《建立中国城市的实体地域概念》，《地理学报》1995 年第 4 期。

［148］周恺、钱芳芳：《收缩城市：逆增长情景下的城市发展路径研究进展》,《现代城市研究》2015 年第 9 期。

［149］赵永亮、才国伟：《市场潜力的边界效应与内外部市场一体化》,《经济研究》2009年第 7 期。

［150］踪家峰、周亮：《大城市支付了更高的工资吗?》,《经济学(季刊)》2015 年第 4 期。

［151］朱虹、徐琰超、尹恒：《空吸抑或反哺：北京和上海的经济辐射模式比较》,《世界经济》2012 年第 3 期。

# 后　记

　　本书是在我的博士论文的基础上修改完善而成的，是对我前期进行城市收缩相关研究的系统总结。在写完本书最后一个句号时，我如释重负，同时也满怀憧憬，心情安定。

　　我不由得回想起博士生涯的四年时光，心中有太多的感谢、太多的敬意。感谢我的恩师孙海鸣教授。我是幸运的，能够有一个胸怀宽广、思维严谨、高屋建瓴、爱护学生的导师。"师者，所以传道授业解惑也"，孙老师对我学术上的支持和指导，是我完成本书写作的前提。"学高为师，身正为范"，孙老师高尚的品格、严谨的治学态度、扎实的专业知识、理论联系实际的切身经验，都对我形成了潜移默化的影响。感谢财经研究所的张学良老师，他有开阔的视野，善于把握热点，他对本书的写作给予了很大的支持、鼓励和帮助，他勤奋的态度、极高的执行力对我有非常重要的影响。感谢李鲁师兄在本书写作过程中提供的帮助和建议，感谢戴魁早师兄和汪恒师兄。感谢吕存超师弟与我合作共同处理本书中所用的数据，感谢同专业就读的小伙伴：吴万宗、范林凯、葛鹏、刘芳、应珊珊，你们是爱的精灵的化身，感谢你们的鼓励与陪伴。

　　感谢我的家人，你们的支持和理解是我完成本书最大的精神食粮！

　　感谢本书编辑温欣女士，她的专业性使本书变得更加完善。

　　本书即将出版，但中国城市收缩的研究仍将继续。伴随我国城镇化的持续推进，人口在部分城市集聚与人口在局部地区的收缩将长期地同时存在,就像一枚硬币的两面,遵循着其背后发展变化的规律,关系到每一个微观企业、个人,也影响着我国宏观城镇体系的完善。在本书即将出版之际,国家发展改革委印发了《2020 年新型城镇化建设和城乡融合发展重点任务》,提出"统筹新生城市培育和收缩型城市瘦身强体",以"优化城镇化空间格局"。恰逢时机,希望本书的出版能对我国新型城镇化的健康发展提供一些启示。同时,限于能力和精力,本书中的研究内容仍有许多不足之处,敬请各位同仁批评指正!

刘玉博

2020 年 4 月

**图书在版编目(CIP)数据**

中国城市收缩及其经济社会效应研究 / 刘玉博著
. — 上海：上海社会科学院出版社，2020(2023.1重印)
ISBN 978 - 7 - 5520 - 3171 - 3

Ⅰ. ①中⋯  Ⅱ. ①刘⋯  Ⅲ. ①城市经济—研究—中国
Ⅳ. ①F299.2

中国版本图书馆 CIP 数据核字(2020)第 076394 号

---

中国城市收缩及其经济社会效应研究

著　　者：刘玉博
责任编辑：温　欣
封面设计：夏艺堂艺术设计
出版发行：上海社会科学院出版社
　　　　　上海顺昌路 622 号　邮编 200025
　　　　　电话总机 021 - 63315947　销售热线 021 - 53063735
　　　　　http://www.sassp.cn　E-mail：sassp@sassp.cn
排　　版：南京展望文化发展有限公司
印　　刷：四川森林印务有限责任公司
开　　本：720 毫米×1000 毫米　1/16
印　　张：12.75
插　　页：1
字　　数：166 千字
版　　次：2020 年 8 月第 1 版　2023 年 1 月第 2 次印刷

---

ISBN 978 - 7 - 5520 - 3171 - 3/F · 615　　　　定价：68.00 元